Pierre Vilar
Spanien

Pierre Vilar Spanien

*Das Land und seine Geschichte
von den Anfängen bis zur Gegenwart*

Aus dem Französischen
von Wolfgang Kaiser

Verlag Klaus Wagenbach Berlin

Die Originalausgabe erschien erstmals 1947 unter dem Titel *Histoire de l'Espagne* bei Presses Universitaires de France; die Übersetzung folgt dem Text der 1997 erschienenen neu durchgesehenen neunzehnten Auflage und berücksichtigt Ergänzungen in der spanischen Ausgabe, die 1978 bei Editorial Critica, Barcelona, erschien.

Wagenbachs Taschenbuch
Neuausgabe 1998

© 1947 Presses Universitaires de France, Paris
© 1990, 1992, 1998 für die deutsche Übersetzung:
Verlag Klaus Wagenbach, Ahornstraße 4, 10787 Berlin. Umschlaggestaltung: Rainer Groothuis unter Verwendung eines Photos des Osborne-Stieres (Peter Witte). Das Karnickel auf S.1 zeichnete Horst Rudolph. Gesetzt aus der Walbaum Standard (Berthold) von der Offizin Götz Gorissen, Berlin. Druck und Bindung: Druckerei Wagner, Nördlingen. Lithos: City-Repro, Berlin. Gedruckt auf chlor- und säurefreiem Papier. Printed in Germany. Alle Rechte vorbehalten
ISBN 3 8031 2309 7

Inhalt

Geographie und Frühgeschichte
Natürliche Rahmenbedingungen 7
Ursprung der Menschen und Zivilisationen 12

Die klassische Geschichte: Das Mittelalter
Das moslemische Spanien 17
Vordringen und Zurückweichen des Islam 17 Bilanz des islamischen Einflusses 19

Das Spanien der Reconquista 21
Verlauf der Rückeroberung 21 Das Erbe der Reconquista 23

Der Ausgang des Mittelalters:
trennende und einende Faktoren 30
Divergenzen des vierzehnten Jahrhunderts 30 Die einenden Faktoren im fünfzehnten Jahrhundert 32

Die klassische Geschichte: Die frühe Neuzeit
Der politische Aufbruch 38
Glanz und Schwächen der spanischen Einheit 38 Nutzen und Nachteil der religiösen Vereinheitlichung 40 Der frühneuzeitliche Staat 45 Die spanische Hegemonie in Europa 46

Koloniale Expansion und Wirtschaftsaufschwung 50

Das Goldene Zeitalter 64

Der Niedergang des Imperiums 71

Geschichte der neueren Zeit (18.-19. Jahrhundert)
Das achtzehnte Jahrhundert
und der aufgeklärte Despotismus 75
Der Wiederaufstieg im achtzehnten Jahrhundert: Bevölkerung und Wirtschaft 75 Der politische Wiederaufbau 77
Das Denken des spanischen achtzehnten Jahrhunderts 78
Grenzen des Wandels im achtzehnten Jahrhundert 79

Der Unabhängigkeitskrieg 81
Der Aufstand *83* Das Scheitern der Aufbauversuche *87*

Die tastenden Versuche des neunzehnten Jahrhunderts 89
Politische Chronik (1814-1917) *89* Das politische Leben im neunzehnten Jahrhundert *96*

Grundlegende Probleme 100
Bevölkerungsentwicklung und Wirtschaft *100*
Landwirtschaft *101* Industrialisierung und Infrastruktur *105*
Wirtschaftliche Entwicklung und politische Probleme *109*

Die Krisen des 20. Jahrhunderts
Die Krise der Monarchie (1917-1931) 122
Unruhen (1917-1923) *122* Die Diktatur (1923-1930) *125*
Der Sturz der Monarchie (1930-1931) *127*

Die Republik (1931-1936) 129
1931-1933: Der *bienio* der Reformen *129* 1934-1936: Der *bienio* der Reaktion oder *bienio negro 138* Februar-Juli 1936: Von den Wahlen zum *pronunciamiento 142*

Der Bürgerkrieg (1936-1939) 144
Vom *pronunciamiento* zum Bürgerkrieg *144* Die militärischen Operationen *146* Die Umstände des Krieges *148* Innere Entwicklung der beiden Spanien (1936-1939) *150*

Das Regime des General Franco (1939-1975) 159

Die Anfänge der konstitutionellen Monarchie 169

Spanien heute *175*

Nachwort 178

Anmerkungen 182

Geographie und Frühgeschichte

Natürliche Rahmenbedingungen

Der Atlantik. Das Mittelmeer. Die Pyrenäenkette. Ein natürliches Umfeld, das sich innerhalb so deutlich gezogener Grenzen befindet, scheint wie dazu berufen, einer Menschengruppe ein besonderes Geschick zu bereiten und eine einheitliche historische Entwicklung zu begünstigen.

Tatsächlich haben die Randlage der Iberischen Halbinsel, ihre Isolierung durch die Pyrenäen, die ausgeprägten Besonderheiten des Klimas und der geographischen Struktur sowie die Anziehungskraft der natürlichen Reichtümer ihr innerhalb Europas seit jeher eine bisweilen subtile, bisweilen außerordentlich auffällige Originalität verliehen. Andererseits ist die Iberische Halbinsel, was immer man auch darüber gesagt hat, ebensowenig ›afrikanisch‹. Es sind bestimmte natürliche Konstanten, die aus dem Halbinselmassiv – einer Art kleinerem Kontinent – ein historisches Wesen eigener Art gemacht haben.

Hieraus darf jedoch weder geschlossen werden, die iberische sei eine in sich abgeschlossene Welt, noch, sie hätte den einwandernden Menschengruppen besonders günstige Bedingungen geboten, harmonisch miteinander zu verschmelzen. Denn einerseits ist diese Welt zwar durch ihre gastfreundlichen Küstenregionen offen für Einflüsse aller Art, auf der anderen Seite stellt sie aber dem, der tiefer in sie vordringen will, die vielfältigen Hindernisse ihrer Sierras und Hochebenen entgegen, die Rauheit ihres Klimas, die Kargheit ihrer Ressourcen. Ganz im Gegensatz zu Frankreich – schlechter geschützt, aber so bewundernswert um seine Flüsse organisiert – besitzt Spanien kein zusammenhängendes System natürlicher Verkehrswege. Kein geographisches Zentrum kann hier eine Rolle spielen wie anderswo Paris oder London. Enge Schluchten am Ausgang der Hochebenen versperren praktisch alle großen Täler. Man ist versucht, die verbreitete Formulierung vom ›rückgratlosen‹ Spanien aufzugreifen. Es wäre jedoch zweifellos besser zu sagen, Spanien habe im Laufe der Entwicklung seiner Bevölkerung un-

ter der überragenden Stellung gelitten, die sein strukturbedingtes ›Rückgrat‹ zu Lasten der Produktionsstätten, der Assimilation, des Austauschs und des allgemeinen Lebens einnahm. Von der einschnittslosen Barriere der Zentralpyrenäen bis zu den gleichfalls hoch über Granada und Almería aufragenden Berghängen erstreckt sich das gebirgige kontinentale Iberien, charakterisiert durch Unzugänglichkeit, d. h. Isolierung, und durch die Härte der Klimas, also die Knappheit der Nahrungsmittel.

Isolierung und Armut – häufig hat die Literatur des 19. und 20. Jahrhunderts diese beiden Begriffe an den Ursprung der geistigen Werte des spanischen Volkes gestellt. Von dort leitet sich nach Unamuno »das Wesen Spaniens« ab, nach René Schwob seine »Tiefen«, nach Ganivet oder Frank seine »Unberührtheit«. Der Mensch der Hochebenen wird in den folgenden Ausführungen eine Hauptrolle spielen. Seine Passion für die Unabhängigkeit, sein kriegerisches Selbstbewußtsein, sein Asketismus ebenso wie seine Vorliebe für die politische Herrschaft, seine Verachtung dem Handel gegenüber und sein Bestreben, die Einheit der Menschengruppe auf der Iberischen Halbinsel herzustellen oder zu bewahren, entspringen der Natur seines Landes.

Doch ist das Einheitsstreben in Wirklichkeit nicht lediglich der Ausdruck des unbestimmten Empfindens eines vitalen Bedürfnisses? Würde Zentralspanien in vollständiger Isolation leben, so wäre seine Lage alles andere als gesichert. Es fehlt ihm an Mitteln und es ernährt nur wenige Menschen; seine Verbindungen zur Außenwelt sind schlecht; es paßt sich nur zögernd an die materielle und geistige Entwicklung der übrigen Welt an. Um aber mit dieser in Kontakt zu bleiben, in ihr zu leben und eine Rolle zu spielen, muß es sich eng, ja organisch mit der Peripherie der Iberischen Halbinsel verbinden, jenen herrlichen Küstenregionen, die – lebendig und assimilierend – gegenüber der Alten wie der Neuen Welt geographisch besonders günstig gelegen sind. Dem »dürren und kriegerischen« Spanien, das Antonio Machado von der Hochebene von Soria aus vor Augen hat, steht – als Ergänzung – jenes andere, reiche und wohlgenährte Spanien gegenüber, ›Mutter aller Früchte‹, Garten der goldenen Äpfel für die Antike und Garten der Kalifen für das Mittelalter, dessen Bild die volkstümliche Überlieferung und die romantische Literatur so liebten. Und nicht zu vergessen die Reihe iberischer Häfen, aus denen Kaufleute und Matrosen aus Katalonien und Andalusien, Mallorca und Portugal, Valencia und dem Baskenland erst zur Eroberung des Orients und dann zu der des Okzidents ausfuhren.

Leider fühlt sich dieses gesegnete, geschäftige Iberien nur wenig von seinem Hinterland angezogen (ein im übrigen rund um das Mittelmeer verbreitetes Phänomen). Durch die Anlage des Reliefs, durch Form und Ausrichtung der Täler bleibt der Küstenstreifen isoliert und zerstückelt. Den Hochebenen des Zentrums kehrt er den Rücken zu. Th. Fischer hat dies schon vor langer Zeit für Portugal aufgezeigt. Noch stärker trifft dieser Sachverhalt auf die kleineren Küstenzonen im Osten Spaniens zu, da die Hochebene hier zudem unregelmäßig geformt ist. Dies ist der Grund, warum so viele maritime Regionen der Iberischen Halbinsel in bestimmten Momenten der Geschichte ein eigenes Geschick genommen haben. Keine dieser kleinen Mächte, deren Triumphe vor allem ökonomischer Natur waren, hat jedoch jemals ein so ausgedehntes Territorium bzw. ausreichend politische Energie besessen, um die gesamte Halbinsel mitzureißen. Deren Geschichte bestand folglich in einem unablässigen Konflikt zwischen meist vom Landesinneren ausgehenden Einheitsbekundungen und der spontanen, aus den geographischen Bedingungen entspringenden Tendenz zur Zersplitterung.

So sind Gegenwart wie Vergangenheit Spaniens an eine widersprüchliche Natur gebunden. Das Massive der Landschaftsform sowie die Trockenheit Zentralspaniens verbinden sich mit technischen oder sozialen Rückständen, was dazu führte, daß der durchschnittliche Getreideertrag der spanischen Nation noch bis in die sechziger Jahre dieses Jahrhunderts zehn Doppelzentner pro Hektar nicht überschritt. Konnte dies auf die Dauer ausreichen für eine Bevölkerung, die in weniger als hundert Jahren von siebzehn auf fünfunddreißig Millionen Einwohner angewachsen ist? Wohin sollten die so reichlich vorhandenen, aber auch so spezifischen Produkte strömen, die die Böden der *Huerta*[1] hervorbringen? Was würde sich am Ende durchsetzen? Der wirtschaftliche und geistige Archaismus der isolierten ländlichen Regionen oder das Gewirr verschiedenster Einflüsse in den Häfen und den großen Städten? Vergessen wir nicht, daß die Katalanen und die Basken, d.h. die für Kontakte mit dem Ausland aufgeschlossensten Spanier, seit fast einem Jahrhundert dazu tendieren, die nationale Gemeinschaft zu verlassen.

Die hierin latente Krise muß überwunden, eine Synthese neu geschaffen werden. Und wenn auch einige Geister – vor allem in Kastilien – den Spaniern als Lösung ihrer ernsten Probleme einzig den Stolz auf ihre Isolation und die Kultivierung ihrer Originalität predigen, so orientiert sich das moderne Leben gleichermaßen auf Gibraltar und Tanger, die Kanarischen Inseln und die Balearen, die U-Boot-Stützpunkte, Flughäfen, das Kupfer aus Riotinto und die Pottasche aus Soria. Ökonomisch wie strategisch kann sich Spanien den Realitäten der heutigen Welt nicht entziehen. Obwohl die Halbinsel zwischen Afrika und Europa, zwischen Atlantik und Mittelmeer wie eingezwängt wirkt, fast eine Barriere bildet, stellt sie einen Schnittpunkt dar, einen Ort der Begegnung, wo sich seit den frühesten Zeiten die Menschen und Zivilisationen miteinander vermischt, gegeneinander gekämpft und ihre Spuren hinterlassen haben. Aus diesem Grund gibt es anthropologisch gesehen ebensowenig eine ›spanische Rasse‹, wie es eine französische gibt.

Ursprung der Menschen und Zivilisationen

Die Besiedlung Spaniens erfolgte sehr früh. Unter den zahlreichen Fundstätten aus der Altsteinzeit befinden sich auch einige, denen später eine große Zukunft beschieden war wie z. B. Madrid. Mit den Höhlenmalereien der Magdalénien-Menschen in Altamira besaß Kantabrien die ›Sixtinische Kapelle‹ prähistorischer Kunst. Später, an der Grenze zwischen Jungsteinzeit und Kupferzeit, wurde Andalusien erneut ein Zentrum der Menschheitsentwicklung. Was sich hingegen hinter den in den frühesten schriftlichen Zeugnissen erwähnten Namen verbirgt, kann nicht mit Sicherheit gesagt werden. Selbst die Bedeutung des Wortes ›Iberer‹ ist nicht völlig klar. Es bezeichnet ein afrikanisches Berbervolk, das entlang der spanischen Mittelmeerküste bis zu den Pyrenäen vordrang und dessen Lebensweise sich gut beschreiben läßt. Inzwischen allerdings zählt man die Basken nicht mehr zu den Iberern, da ihre Vorfahren wohl eher auf die ersten Pyrenäenzivilisationen zurückgehen. Auch das keltische Element ist in der spanischen Ethnographie nicht zu unterschätzen: Das Völkergemisch auf den Hochebenen zeigt deutliche

›keltoiberische‹ Merkmale, und im ›Finisterre‹[2] Galiciens repräsentieren die Kelten den vorherrschenden Menschentypus.

In der Antike wurde die Ostküste, die spanische Levante, unaufhörlich von Seefahrern vom anderen Ende des Mittelmeers angesteuert. Rom ließ nach dem Ende der Punischen Kriege nicht mehr von der Idee ab, die gesamte Iberische Halbinsel unter seine Kontrolle zu bringen. Doch brauchte es lange, um seine Herrschaft auf den Hochebenen durchzusetzen. Schon bald wandten sich ursprüngliche Formen des Widerstandes, die man auch später so häufig bei den Spaniern wiederfindet, gegen die Römer. Die *Guerillas* von Viriatus und die unerbittliche Verteidigung belagerter Städte sind Beispiele dafür. So war das hoch in der *Meseta*[3] gelegene Numantia zwanzig Jahre lang der Alptraum jedes römischen Soldaten; am Ende zerstörte es sich im Jahre 133 lieber selbst als sich zu ergeben. Nach und nach verbreitete sich jedoch der Einfluß der schnell romanisierten Küstenregionen über das ganze Land. Für die Iberische Halbinsel war dies einer der glücklichsten Momente ihrer Geschichte – zumindest auf den ersten Blick.

Dieses ›Goldene Zeitalter‹ fällt in die ersten beiden Jahrhunderte n. Chr. Die spanischen Kohle- und Erzvorkommen wurden in großen Mengen abgebaut. Die teils ländlichen, teils hervorragend ausgebauten Straßen und Brücken führten bis nach Galicien und Kantabrien. Von den Römern stammen auch die eindrucksvollen Bewässerungsanlagen, die oft fälschlich den Arabern zugeschrieben wurden. Andalusien war eine der Kornkammern Roms. Zudem schickte Spanien zusammen mit seinen natürlichen Reichtümern auch seine besten Söhne in die Hauptstadt: Quintilian, Martial, Lukian, Seneca, die großen Kaiser Trajan und Hadrian. Allerdings ist fraglich, inwieweit der römische Überbau das traditionelle Leben der Stämme wirklich grundlegend verändert hat und ob der wirtschaftliche Nutzen der Sklaverei nicht früher sank als allgemein angenommen. Dennoch: Das römische System konnte im wesentlichen seine Strukturen bewahren, auch wenn es seit dem dritten Jahrhundert Zeichen des Niedergangs zeigte und im fünften Jahrhundert von Barbareneinfällen erschüttert wurde. Erst 711 brach es dann vor dem Ansturm des Islam vollständig zusammen.

Der christliche Glauben und die Kirche sind zum großen Teil die Garanten dieser Dauerhaftigkeit gewesen. Die ersten Invasoren (Alanen, Sueben und Vandalen) hatten viel zerstört, waren aber schnell weitergezogen. Die aus Gallien kommenden Westgoten waren zwar bereits weitgehend romanisiert, ihre Religion, der Arianismus, verlängerte jedoch die inneren Kämpfe. Als ihr König Rekkared 587 zum katholischen Glauben übertrat, schien ein neues Zeitalter anzubrechen. Die westgotischen Könige hatten Toledo als Hauptstadt gewählt und – ohne die Hilfe eines ausländischen Imperiums – die iberische Einheit erreicht. Lateiner und Goten vergaßen zunehmend ihre anfänglichen Differenzen. Vom Klerus wurde ein berühmter gemeinsamer Rechtskodex – das *Liber Iudiciorum* – verfaßt. Die Monarchie unterstand einer Art theokratischer Kontrolle durch die Konzilien von Toledo. Isidor von Sevilla versuchte in einem enzyklopädischen Werk, das geistige Erbe der Antike zu retten. Tatsächlich aber stellte all dies das letzte Aufleuchten einer Zivilisation und nicht etwa den Beginn einer neuen Ära dar. Rasch spaltete sich die spanische Gesellschaft sowohl politisch als auch sozial. Sklaven und Bauern waren die Ärmsten der Armen. Religiöse Streitigkeiten und Rassenkonflikte brachen versteckt wieder auf. Es kam zu Judenverfolgungen. Der Adel intrigierte und bildete Parteiungen. Als Verbündete einer dieser Parteien überquerten schließlich moslemische Afrikaner die Meerenge von Gibraltar und gaben dem Schicksal Spaniens eine neue Wendung.

Es war notwendig, zunächst zu ermessen, welche Anhäufung zivilisatorischer Ablagerungen in der spanischen Vergangenheit dem Mittelalter vorangegangen ist, dieser klassischsten aller Epochen Spaniens, die im folgenden behandelt werden soll. Eine ungemein reiche und glänzende Vorgeschichte, die außergewöhnlich fruchtbare und dauerhafte Romanisierung sowie die aktive Teilnahme an der Gestaltung der christlichen Welt – unter den für die menschliche Entwicklung so begünstigten Mittelmeerländern muß die spanische Nation, was Alter und Kontinuität ihrer Zivilisation betrifft, hinter keiner anderen zurückstehen.

Löwenhof der Alhambra in Granada

Die klassische Geschichte: Das Mittelalter

Das moslemische Spanien

Vordringen und Zurückweichen des Islam

Nachdem der Berberführer Tarik auf der Iberischen Halbinsel eingefallen war, dauerte es nur sieben Jahre, bis Spanien vollständig moslemischer Herrschaft unterworfen war. Binnen kurzer Zeit, wenn auch nicht ganz kampflos, hatten sich die neuen Machthaber in Córdoba etablieren können: Abd Ar Rahman I. (756-788), ein geflüchteter Prinz aus dem Geschlecht der Omajaden, hatte sämtliche Verbindungen Spaniens mit dem Orient abgebrochen; Abd Ar Rahman III. (912-961) erklärte sich schließlich zum Kalifen. So wurde Córdoba zur Hauptstadt des Abendlandes. Trotz dieser Entwicklungen hatten die Christen seit dem Ende des zehnten Jahrhunderts Teile Nordspaniens wieder in Besitz nehmen können. Al Mansur, ›der Siegreiche‹, führte um das Jahr 1000 noch Vernichtungsfeldzüge gegen sie, doch dreißig Jahre nach seinem Tod brach das Kalifat endgültig zusammen. An seine Stelle traten 23 *taifas*, Königreiche oder oligarchische Republiken, die den Vormarsch der Christen aber nicht mehr aufzuhalten vermochten. Zweimal indes ging der Islam noch zum Gegenangriff über. Dies geschah durch aus Afrika stammende Berbersekten, die Almoraviden (Zalaca, 1086) und die Almohaden (1172). Letztere wurden 1212 in Las Navas de Toledo besiegt. Von nun an machte die *Reconquista*, die Rückeroberung Spaniens durch die Christen, deutliche Fortschritte. Allerdings blieb im vierzehnten und fünfzehnten Jahrhundert das hoch in der Sierra Nevada gelegene Königreich Granada weiterhin unbezwingbar, und auch in den zurückeroberten Gebieten konnten moslemische Lebensformen überdauern.

Der spanische Islam hat also, je nach Region, drei bis acht Jahrhunderte lang seinen Einfluß ausüben können. Man hatte sich zu lange daran gewöhnt, ihm mit Vorurteilen zu begegnen, als daß man seine Bedeutung noch wirklich ermessen konnte: ›Barbaren des Nordens‹ gegen verfeinerte andalusische Lebens-

Die *Mezquita*, Moschee von Córdoba

art; ›Barbaren des Südens‹, die nichts als Spuren der Zerstörung hinterlassen haben sollen? In dieser Form ist die Kontroverse von nur geringem Nutzen, glücklicherweise inzwischen auch überholt. Ernsthafte Forschungen sind immer mehr bemüht, die positiven Aspekte und die dauerhaften Einflüsse herauszuarbeiten.

Bilanz des islamischen Einflusses

Die Invasion des Islam hatte in mancher Hinsicht viel Zerstörung mit sich gebracht. Wer will aber die Pracht leugnen, die Andalusien durch seine aus dem Orient gekommenen Herren verliehen wurde? Diese haben dort nicht, wie lange behauptet wurde, das Bewässerungssystem und damit die Blüte der Landwirtschaft ›geschaffen‹, doch haben sie das Werk der Römer vervollständigt, verbessert und verschönert, indem sie aus Afrika und aus Persien neue Früchte und bislang unbekannte Gartenbautechniken mitbrachten. Gleiches gilt für das städtische Leben, das zwar schon zur römischen Zeit glanzvoll war, im maurischen Spanien indessen seinen Triumph feierte. Die *Medinas*[5] in Marokko (übrigens Zufluchtsstätten vieler Andalusier) vermitteln heute noch eine Vorstellung davon, wie Córdoba, Sevilla, Toledo, Almería und Granada zwischen dem zehnten und vierzehnten Jahrhundert ausgesehen haben: mit Handwerkern, die Leder und Metall verarbeiteten, Möbel, Fayencen, Wolltuche und Seidenstoffe herstellten; mit wohlorganisierten Händlern, die einer sorgsamen und komplexen städtischen Aufsicht unterstanden. Darüber erhob sich der Glanz der Paläste, Moscheen, Schulen und Bibliotheken. Und dies nicht nur während des kurzen Triumphs des Kalifats: Der Geograph Al Idrisi, der Philosoph Averroes ›Ahmed Ibn Rushd‹ lebten nicht etwa im zehnten, sondern im zwölften Jahrhundert. Ende des zwölften Jahrhunderts wurde in Sevilla die *Giralda* errichtet. Und die *Alhambra*, so oft zum Symbol der spanisch-moslemischen Zivilisation gewählt, ist in Wirklichkeit deren letzter Widerschein: Sie stammt vor allem aus dem vierzehnten und fünfzehnten Jahrhundert.

Wie sollte von dieser so glänzenden und so ausgedehnten Phase der spanischen Vergangenheit nichts überdauert haben?

Man hat vor allem auf die arabischen Wurzeln des noch lebendigen populären Kunsthandwerks (Teppichknüpferei, Töpferei) und der Musik hingewiesen, auf die Spuren arabischer Kultur in den Familiensitten, im Temperament sowie in der Religion des andalusischen Volkes. Bei diesem Thema ist allerdings Vorsicht geboten, da der Begriff ›arabisch‹ den großen Nachteil hat, auf einen rassischen Einfluß zu verweisen, dessen Umfang mit Sicherheit nur begrenzt war. Die Einwanderung von Berbern – der spanischen Urbevölkerung weit weniger fremd – war in dieser Hinsicht sicherlich von größerer Bedeutung. Außerdem entstand durch die zahlreichen Völkerverbindungen rasch eine relativ kohärente ›hispanomaurische‹ Menschengruppe. Das maurische Spanien war in Wirklichkeit ein Tiegel, in dem ganz unterschiedliche Kulturen miteinander verschmolzen: die Moschee von Córdoba und die Alhambra von Granada, solch harmonische, doch aus unterschiedlichen Elementen zusammengesetzte Schöpfungen – die eine vom Anfang, die andere vom Ende der maurischen Epoche – liefern hierfür den Beweis. Das, was dieser Schmelztiegel hervorbrachte, ging ebenso ins christliche Europa wie in die scholastische Philosophie, in die romanische Kunst, die medizinische Schule von Montpellier, die Gesänge der Troubadours und in die mystische Poesie Dantes ein.

Wie kam es dazu? Beide Welten waren keineswegs voneinander abgeschnitten. Zwischen den kleinen christlichen und moslemischen Gemeinschaften gab es Kriege, aber auch Austausch, Diplomatie, Verträge und Höflichkeitsbezeugungen. Ziemlich schnell wurden die Rechte der Besiegten garantiert. Jede Gesellschaft hatte ihre spezifische Hierarchie. Bei den Moslems folgten auf die arabischen Führer die Soldaten, dann die Berber, danach abtrünnige Christen und schließlich die christlich gebliebenen Einheimischen, die *Mozaraber*[6]. Bei den Christen kamen nach dem Klerus und den Granden das altchristliche Bürgertum, dann die wieder im Christenland lebenden Mozaraber, konvertierte ›Neu-Christen‹ und zuletzt die *Mudéjares*[7], Moslems, die ihren Glauben, ihre Sitten sowie ihre Richter beibehalten hatten. Hinzu kommen noch die Juden, die lange Zeit respektiert wurden, und die Sklaven. Auf kulturellem Gebiet fand ein ständiger Austausch statt. Es gab Christen, sogenannte *algarabiados*, die des Arabischen mächtig waren, und Moslems, sogenannte *ladinos*, die Lateinisch schrieben und sprachen. Ein

König der Reconquista sollte später eine Universität gründen, die drei Kulturen in sich vereinte – die arabische, die hebräische und die christliche.

So erlebte das Mittelalter einen lebendigen und schöpferischen spanischen Islam, dessen Reichtum, Denken und Komplexität den großen Erfolgen des künftigen Spanien nicht weniger den Weg bereiteten als die christliche Reconquista.

Das Spanien der Reconquista

Verlauf der Rückeroberung

Während der ersten Hälfte des achten Jahrhunderts bildete sich, nach dem symbolträchtigen Sieg von Covadonga[8] im Jahre 722, ein gefestigter christlicher Staat in den Bergregionen Asturiens, Kantabriens und Galiciens. Nur wenige Mauren ließen sich nördlich der Linie Coimbra–Toledo–Guadalajara nieder. So waren die Hochebenen von León und Burgos immer wieder Raubzügen preisgegeben und wurden schließlich entvölkert. Von der Mitte des achten bis zur Mitte des neunten Jahrhunderts zwangen innere Streitigkeiten die asturischen Könige zu einer defensiven Haltung.

Gleichwohl begünstigte die Defensive zwischen 785 und 811 die Reconquista, da sie die Vorstöße der Franken im Osten ermöglichte. Diese waren vor allem im Gebiet des heutigen Nordkatalonien erfolgreich, wo nun eine ›Spanische Mark‹ unter der Herrschaft der Grafen von Barcelona entstand. In den Pyrenäen kämpften Gruppen von Basken und Navarresen unabhängig voneinander, wie die Schlacht von Roncesvalles[9] beweist.

Nach 840 nahm das Königreich Asturien seinen Vormarsch wieder auf. Es erreichte den Duero und machte León zu seiner Hauptstadt. Bald darauf jedoch gründete ein abtrünniger Graf in der Region um Burgos das Reich Kastilien (932–970). Das Königreich von Navarra, das sich zwischenzeitlich in den Pyrenäen gebildet hatte, stieß in Tudela an den Oberlauf des Ebro. Um 1000 wurde diesen Vormarschbewegungen von Al Mansur ein Ende gesetzt.

El Cid. Reiterstatue von Anna Hyatt Huntington

Der Sturz des Kalifats von Córdoba brachte Kastilien schließlich seine ersten Triumphe. Die Christen überschritten die zentralspanische Sierra und nahmen 1080 Toledo ein. Doch bald darauf kamen die Almoraviden, und einzig *El Cid*[10] vermochte ihnen Widerstand zu leisten, indem er sich 1095 um Valencia herum ein Herrschaftsgebiet schuf. Mit seinem Tod aber war Valencia verloren, und Kastilien fiel zurück in seine inneren Streitigkeiten.

Das zwölfte Jahrhundert ist in erster Linie das Jahrhundert Aragóns. Unter Alfons I., genannt der Schlachtenlenker, gelang es dem kleinen Pyrenäenreich im Jahre 1118, sich in Zaragoza einzurichten. Es bemächtigte sich der befestigten maurischen Stellungen Calatayud und Daroca südlich des Ebro und vereinigte sich anschließend durch Heirat mit der Grafschaft Barcelona, die sich ihrerseits bis nach Tortosa an der Mündung des Ebro ausgedehnt hatte. 1170 gründeten die Aragonesen Teruel. Danach wandten sie sich jedoch für eine gewisse Zeit wieder vornehmlich ihren Interessen in Südwestfrankreich zu.

Die Bedrohung durch die Almohaden zu Beginn des dreizehnten Jahrhunderts führte zu energischen Anstrengungen auf seiten der Christen und zu deren allgemeinem Zusammenschluß im Jahre 1212. Der dank dieser Vereinigung errungene Sieg in der Schlacht von Las Navas de Tolosa ist das für den künftigen Verlauf der Reconquista wichtigste militärische Ereignis. Von diesem Augenblick an machte sich auch Portugal, das Königreich im Westen, an die Eroberung seiner südlichen Provinzen; Ferdinand III. von Kastilien zog 1236 in Córdoba, 1248 in Sevilla ein; für Aragon brachte Jakob I. – der Eroberer – zwischen 1229 und 1235 die Balearen in seine Gewalt, bemächtigte sich 1238 Valencias und eroberte Játiva, Alcira, später auch Murcia. Um 1270 waren den Moslems nur noch Granada sowie kleinere Besitzungen in der Region von Huelva geblieben.

Von 1270 bis zum Ende des fünfzehnten Jahrhunderts hielt die Reconquista inne. Portugal wandte sich dem Atlantik, Aragón dem Mittelmeer zu; Kastilien zerfleischte sich in dynastischen Kämpfen um die Thronfolge, obwohl es weiterhin, wenn auch ohne nennenswerten Erfolg, in Auseinandersetzungen mit den Mauren Granadas und Afrikas verwickelt blieb. Der Ausgang des Mittelalters gehört nicht mehr zur Epoche der Reconquista. Er trägt andere Züge, hat andere Konsequenzen, die zu gegebener Zeit untersucht werden.

Das Erbe der Reconquista

Gerade die Langsamkeit war es, die der Reconquista ihre Bedeutung verlieh. Eine rasche Vertreibung der Ungläubigen hätte dem Geschick Spaniens eine andere Richtung gegeben. Sie hätte nicht in gleicher Weise die Gestalt des Landes geprägt, seine Sitten und seinen Geist durchdrungen, wie dies ein mehrere Jahrhunderte dauernder Kreuzzug vermochte. Die Führer des zersplitterten Spanien waren sich, angesichts der zerfahrenen geschichtlichen Ereignisse, nicht immer im klaren über die eigenen Ziele. Es war der Druck der Notwendigkeiten in einem armen Land mit wachsender Bevölkerung, der die Reconquista dennoch überall zu einer kontinuierlichen Kolonisationsbewegung und zugleich zu einem heiligen Krieg gemacht hat. Die mittelalterliche Gesellschaft Spaniens ist auf eben dieses Expansionsbedürfnis und diesen Glaubensimpuls gegründet.

Von 711 bis 1492 befand sich die spanische Gesellschaft – vor allem die Kastiliens – in ständigem Kriegszustand. Es ist deshalb nur natürlich, daß sich die ›Kriegerklasse‹ in ihr den ersten Platz sichern konnte. Der Hochadel wurde mächtiger, der Kleinadel zahlreicher als irgendwo anders.

Der spanische Hochadel hat seine Ursprünge keineswegs in großen Lehen des französischen Typs, da die kleinen Königreiche der Reconquista für Aufteilungen dieser Art keinen Raum boten. Doch gab es sehr wohl Angehörige des Hochadels, die ihrem König in den Schlachten zur Seite standen und aufgrund ihres persönlichen Werts als Krieger und der Zahl ihrer Getreuen stolz und unabhängig waren, bisweilen fähig zu einer gewagten Politik auf eigene Rechnung, sei es im Krieg oder bei Intrigen mit dem Feind. Auf solche Weise gründete Graf Fernán-González Kastilien, machte sich El Cid, ein noch glänzenderes Beispiel, zum Schiedsrichter der maurischen Querelen und regierte Valencia fast wie ein König. Nach dem dreizehnten Jahrhundert, während der großen Vorstöße und vor allem bei der Eroberung Andalusiens durch die Kastilier, vollzog sich der Aufstieg des Hochadels auf andere Art: Die Könige selbst sicherten ihn durch die Verteilung gewaltiger Ländereien, ganzer Dörfer sowie beträchtlicher Reichtümer. Die Granden blieben in vielerlei Hinsicht weiterhin die Herren des ländlichen Grundbesitzes, gleichzeitig waren sie aber auch Höflinge, durch Tradition an die Königsmacht gebunden.

Der Kleinadel spielte, wenn auch eine ganz andere, so doch keine geringere Rolle. Seit Beginn der Reconquista folgten kleine Armeen von *infanzones* und *caballeros*[11] dem König und den Granden. Reich genug, um sich eine militärische Ausrüstung leisten zu können, im Besitz von kleineren Landgütern (*hidalgos*, ›Söhne von etwas‹[12], nannte man sie später), erwarben die meisten von ihnen dennoch keine großen Reichtümer und wurden von den nachgeborenen Söhnen großer Familien eingeholt, denen der Brauch des *Majorats*[15], das sich allgemein durchsetzte, nur die militärische oder die geistliche Karriere offenließ. Aus ihnen setzten sich die in Flandern und Italien kämpfenden Armeen zusammen; sie waren ebenfalls die eigentlichen Protagonisten der *Conquista* von *Las Indias* (Westindien), welche sie, als soziale Gruppe, die keine andere Lebensgrundlage als den Krieg kannte, als natürliche Fortsetzung der mittelalterlichen Reconquista verstanden. Als ihnen schließlich der Niedergang Spaniens die Möglichkeit versperrte, sich in der Fremde zu verdingen, prägten sie das Land durch ihre Träume und ihre Abenteuersehnsucht, durch ihren Stolz und den Willen, um keinen Preis in der sozialen Hierarchie zu sinken: Sie waren das Vorbild für Figuren wie Don Quijote oder die Helden der Schelmenromane; sie wurden zu den anachronistischen Edelleuten – bewunderungswürdig oder lächerlich – der Romanschriftsteller des letzten Jahrhunderts. Und konnte man nicht noch in den zum Teil sehr ›kleinbürgerlichen‹ Zügen des Grundbesitzers und des Kleinstadtadvokaten, des Studenten oder Soldaten, derer sich das francistische *movimiento* bediente, die Klassenhaltung der *hidalgos* wiederfinden, ihre Hoffnungen und Prätentionen, ihre Einstellung zur Arbeit und zum tätigen Leben sowie ihr Ideal, das hauptsächlich in der Weigerung besteht, abzudanken?

Ähnliches läßt sich über den Klerus sagen. Dieser hatte sich durch die Jahrhunderte der Reconquista daran gewöhnt, das ideologische Gerüst der gesamten Gesellschaft zu bilden, war im übrigen aber ebenso gespalten wie der Adel: Auf der einen Seite stand eine reiche und mächtige Aristokratie, auf der anderen die vielköpfige und arme Masse, die jedoch vom Bewußtsein ihrer Bedeutung und Autorität durchdrungen war. Eine kraftvolle Tradition machte die spanische Geistlichkeit zu einem militanten, wenn nicht gar militärischen Klerus, den die Vorstellung eines bewaffneten Kampfes für den Glauben und dessen Vertreter nicht schreckte (ganz im Gegenteil) und der lautstark die geistige – und bisweilen auch die politische – Führungsrolle in der Gesellschaft für sich beanspruchte.

Dabei ist jedoch festzuhalten, daß die dominierende Rolle des Klerus und des Adels im Mittelalter keineswegs zur Folge hatte, daß die anderen Gesellschaftsschichten sozial zugrunde gerichtet oder politisch ausgeschaltet wurden. Dieses glückliche Gleichgewicht ist zweifellos der Expansion durch die Reconquista zuzuschreiben. Die Bedürfnisse des Krieges und der Neubesiedlung haben die spanische Gesellschaft der Reconquista gezeichnet. Zum einen hielt der Krieg das Ansehen des Königs so hoch, daß sich dadurch die Herausbildung des Feudalismus verzögerte, zum anderen erfreuten sich volkstümliche Elemente außerordentlicher Beliebtheit. Tatsächlich erforderten die Bestellung des Bodens und die Verteidigung der eroberten Plätze zahlreiche persönliche oder kollektive Konzessionen vom Typ der *behetrías* (Schutz eines Individuums oder einer Gruppe durch einen Herren seiner bzw. ihrer Wahl) oder der *cartas-pueblas* (bei der Neubesiedlung gewährte Privilegien). Auf dieser Grundlage blieben die ländlichen oder urbanen Gemeinschaften stark und verhältnismäßig unabhängig, auch dann noch, als sich das Feudalsystem entwickelte. Später, als sich die Reconquista weiter ausgebreitet hatte, erhielten ihrerseits die zurückgewonnenen Bevölkerungsgruppen (Mozaraber, Juden, Mudéjares) ihren Status, ihre *fueros*[14]. Die gesamte Gesellschaft des mittelalterlichen Spanien wurde durch einen Komplex von *fueros* geregelt, der einen starken Eindruck hinterlassen hat. Hinzuweisen ist auch auf ein Phänomen, das seit dem zwölften Jahrhundert sichtbar wurde: Während die angeborene wirtschaftliche Schwäche Kastiliens die Ausbreitung der Mittelschichten verhinderte, bildeten sich in den Küstenregionen der Iberischen Halbinsel – in Portugal, Katalonien, Valencia und auf den Balearen – regelrechte bürgerliche Zentren, Handelsrepubliken italienischer Art, die den nichtadligen Gesellschaftsgruppen Gelegenheit boten, in Spanien wirksam einzugreifen. Ihr Einfluß ist nach wie vor spürbar.

Auf wirtschaftlichem Gebiet sind die genossenschaftlichen Bräuche des bäuerlichen Lebens zu erwähnen. Wald[15] und Weiden waren gemeinsam genutztes Gemeindegut, Felder und Ernten wurden teilweise periodisch geteilt, unter den Bewohnern der Hochgebirgstäler oder den Wanderschäfern bestanden Weidegemeinschaften; vor allem aber gab es mit erstaunlich soliden Rechtsbräuchen versehene ›Wassergemeinschaften‹. Bis zur Mitte des neunzehnten Jahrhunderts sollte sich dieser spanische ›Agrarkollektivismus‹ den Eroberungszügen des modernen Individualismus entgegenstellen. Und selbst im zwanzigsten Jahr-

König Jaume I. präsidiert über die katalanischen Cortes in Lérida

hundert war die Auseinandersetzung noch keineswegs abgeschlossen.

Auch die Gemeindetraditionen der Dörfer, Marktflecken und Städte wären zu nennen, ob sie nun auf dem anfänglichen *concejo*, dem unabhängigen Zusammenschluß aller Einwohner, oder später auf Versammlungen mit begrenzterem Zugang beruhen. Diese Stadtverwaltungen tendierten dazu, sich zu verbünden, was durch die *hermandades*[16] in Kastilien bezeugt wird, durch die Bünde der kantabrischen und baskischen Häfen, die katalanischen Marktflecken, die sich um Barcelona scharten und sich selbst mit Hilfe eines juristischen Kunstgriffs als ›Straßen‹ der Hauptstadt bezeichneten. Die Kraft des lokalen Lebens, dieser von Föderation träumende ›Kantonsgeist‹, blieb ein konstantes Merkmal des politischen Lebens in Spanien. Kommen wir schließlich zu den berühmten *Cortes*[17], die gegenüber der Krone und ihren natürlichen Beratern (Adel und Klerus) das populäre Element der Nation repräsentierten. In der Geschichte der parlamentarischen Versammlungen erscheint diese typische Institution des mittelalterlichen Spanien als ein besonders frühzeitiges Beispiel. Sie entstand wohl bereits vor Ende des zwölften Jahrhunderts in León, hatte sich aber mit Sicherheit seit Mitte des dreizehnten Jahrhunderts in allen Königreichen Spaniens – in Kastilien, Aragón, Valencia, Katalonien und in Navarra – etablieren können. Besser geordnet und gerade dadurch weniger revolutionär als die französischen Generalstände, zeichneten die *Cortes* die königlichen Thronfolgen auf, empfingen den Eid des Königs auf die *fueros* des Landes, beschlossen die Subsidien und brachten (je nach Region vor oder nach dieser Abstimmung, was nicht unwesentlich ist) Beschwerden (*agravios, greujes*[18]) vor. Man hat deshalb von einer mittelalterlichen spanischen ›Demokratie‹ gesprochen. Wenn man den Wortsinn genau eingrenzt, ist es zutreffend, daß nur wenige Völker im Laufe der Geschichte so weitgehend an ihrer Regierung teilhatten wie das spanische Volk im Mittelalter. Mit Recht erinnerte man daran später immer wieder – eine Tatsache, die in der politischen Psychologie Spaniens eine gewichtige Rolle spielen sollte.

Spanien erlebte vor allem im dreizehnten Jahrhundert die harmonischsten Momente seiner Geschichte. In Kastilien herrschte von 1230 bis 1252 Ferdinand III., nicht weniger christlich als sein Vetter Ludwig der Heilige von Frankreich, dafür aber realistischer, da er den Kreuzzugsgedanken auf die spanischen Lande beschränkte. Außerdem besaß er einen weiten geistigen Horizont, denn er nannte sich selbst ›König der drei Religionen‹. In Aragón regierte der energische Katalane ›En Jaume‹, der Eroberer[19], Schlachtenheld und Poet, brutal und galant, ohne Skrupel, indes umgeben von heiligen Männern wie Raimund von Pennafort, Pedro Nolasco und der Ausnahmegestalt Raimundus Lullus (Ramón Llull). Der Islam wich zurück, die Kathedralen wuchsen empor: Für die christliche Welt war es ein Triumph auf der ganzen Linie.

Mit einem Einwand: Unter nationalem Gesichtspunkt zerfiel das Spanien der Reconquista eher, als daß es sich vereinigte. So beanspruchten León vom neunten bis zum elften Jahrhundert und Kastilien sogar bis zur Mitte des zwölften Jahrhunderts hartnäckig das Erbe der westgotischen Herrscher; ihre Könige führten beständig den Titel ›Kaiser von ganz Spanien‹. Aber diese Idee zerrieb sich an der Wirklichkeit. Geographisch gesehen wurde der Kampf ursprünglich von Bergregionen aus geführt, die durch natürliche Hindernisse isoliert waren. Historisch förderte der Krieg gegen die Mauren die Unabhängigkeitsbestrebungen: Kastilien löste sich vom Königreich León, El Cid hätte beinahe den Staat Valencia gegründet, Portugal entwickelte sich eigenständig. Im Osten nahm die Reconquista während des dreizehnten Jahrhunderts die Form einer Föderation an: Valencia und Mallorca wurden neben Aragón und der katalanischen Grafschaft zu Königreichen erhoben, wobei die Aufteilung des maurischen Spanien in ›taifas‹ diese Zersplitterung begünstigte. Asturien, León und Kastilien, Galicien und Portugal, Navarra, Sobrarbe, Aragón, Ribagorza und die katalanischen Grafschaften haben sich auf diese Weise über viele Jahrhunderte hinweg verbündet oder voneinander gelöst, immer im Rhythmus der Heiratsverbindungen und Erbfolgen.

So hat schließlich jedes Land den Stolz auf seine Titel und Kämpfe und gleichzeitig das Mißtrauen gegen seine Nachbarn erworben und bewahrt. Abenteuerlustige Herren und freie Stadtverwaltungen haben diesen partikularistischen Geist noch verstärkt. Man darf allerdings angesichts solch lokal begrenzter Erscheinungen und mehr oder weniger zufälliger Allianzen nicht vergessen, daß über allem stets die Einheit des Glaubens, der Kreuzzugsgeist und das Selbstverständnis der christlichen Gemeinden gegenüber den Mauren schwebte. Es ist dies der Ausdruck – wenn nicht sogar eine der wesentlichen Ursachen – einer weiteren Dualität des spanischen Wesens: Auf der einen Seite steht die Tendenz zum Partikularismus, zu gleichsam infranationalen Bindungen; auf der anderen Seite steht die Neigung zum Universalismus, zu idealen supranationalen Passionen. Zwischen beiden konnte sich das Bewußtsein des spanischen Volkes nur mühsam definieren – ein bis heute lebendiges Phänomen.

Noch im dreizehnten Jahrhundert bestanden die wesentlichen Spaltungen weiter, und dies trotz der Vereinfachungen, die die Vereinigung von Aragón und Katalonien im Jahre 1137, von León und Kastilien im Jahre 1230 mit sich brachte. Selbst wenn man Navarra, das ein dynastisches Mißgeschick kurzfristig Frankreich zuschlug, und das noch nicht eroberte Granada außer acht läßt: Es kam zu einer folgenschweren Dreiteilung der Iberischen Halbinsel in Portugal, Kastilien und den Bund von Aragón-Katalonien-Valencia. Ein für die künftige Einheit um so bedrohlicheres Faktum, als diese Aufteilung drei menschlichen Temperamenten ebenso entspricht wie drei geographischen Ausrichtungen: dem Atlantik, den Hochebenen und dem Mittelmeer. Eingebettet in diese dreigeteilte Struktur der Iberischen Halbinsel sollte der Ausgang des Mittelalters die Zukunft der Nation maßgeblich beeinflussen.

Der Ausgang des Mittelalters: trennende und einende Faktoren

Divergenzen des vierzehnten Jahrhunderts

Im vierzehnten Jahrhundert schien die Aussicht auf einen erfolgreichen Ausgang der Reconquista sowie auf eine nationale Vereinigung in weite Ferne gerückt. Allein Kastilien führte den Kampf gegen die Mauren weiter, seine politische Durchschlagskraft litt jedoch unter dynastischen Krisen und Adelsrevolten wie dem Kampf zwischen den Erben Alfons X. (1275-1295)[20] unter der Minderjährigkeit Ferdinands IV. und Alfons XI. (1312 bis 1325) und unter dem tragischen Streit zwischen Peter dem Grausamen und seinem natürlichen Bruder Heinrich von Trastámara (1350-1369)[21] sowie den Ansprüchen des Hauses Lancaster auf den kastilischen Thron.[22]

Portugal indes nahm zur gleichen Zeit einen von den Geschicken der übrigen Halbinsel unabhängigen Aufschwung: 1383 brachte eine Revolte das Haus Aviz auf den Thron; eine kastilische Intervention konnte 1385 in der Schlacht von Aljubarrota erfolgreich abgewehrt werden.[23] Von nun an widmeten sich das Herrscherhaus und die Handelsbourgeoisie in den Hafenstädten der Vorbereitung der großen Entdeckerreisen.

Die ›Krone von Aragón‹ (eine schlecht gewählte Bezeichnung, da sie neben dem armen Königreich im Landesinnern auch die reichen Küstenregionen mit einschließt und die Herrscher des Reiches Katalanen waren) wurde ihrerseits auf ganz ähnliche Weise vom Mittelmeer angezogen. Die Wirtschaftskraft der Häfen, der im dreizehnten Jahrhundert weit entwickelte Orienthandel sowie eine dynastische Glückssträhne[24] hoben Aragón schon bald in den Rang einer Mittelmeergroßmacht. Seine Könige besetzten 1280 Tunis, intervenierten in Sizilien und erhielten Rechte auf Sardinien und Korsika; sie kämpften an der Seite Venedigs gegen Pisa und Genua, besaßen zahlreiche Kontore in

Landarbeiterrevolte im 15. Jahrhundert

der Levante des östlichen Mittelmeers und erbten Morea sowie das Herzogtum Athen von katalanischen Abenteurern, die diese Byzanz abgetrotzt hatten. Mit seiner Kathedrale und Santa Maria ›del mar‹, mit dem Rathaussaal des *Consell de Cent*, der ›Loge‹ des Seehandelskonsulats und dem Palast, in dem die ständige Deputation der *Corts* (die *Generalitat*) nicht weit vom Sitz der aragonesischen Könige residierte, bewahrt Barcelona die Erinnerung an diese glorreiche Vergangenheit, auf die sich noch heute der Stolz der regionalistischen Erneuerungsbewegungen gründet. In der Expansion Aragóns liegt auch der Ursprung der spanischen Interessen in Neapel und in Italien. Aus all diesen Gründen sollte das vierzehnte Jahrhundert nicht außer acht gelassen werden, will man nachfolgende Ereignisse und Fakten wie die Unabhängigkeit Portugals, die vielfältigen Anziehungspunkte des spanischen Reichs oder den Widerstand der Katalanen gegen die kastilische Vorherrschaft richtig deuten.

Die einenden Faktoren im fünfzehnten Jahrhundert

Die Blüte des Ostens war jedoch nur von kurzer Dauer. Bereits vor Ende des fünfzehnten Jahrhunderts hatte Mallorca ein Drittel seiner Handelsflotte und fast alle seine Handelsgesellschaften wieder verloren. Zwar blieb das reiche Valencia dank seiner *Huerta* weiterhin im Geschäft, doch Katalonien, die Heimstatt des ›gräflichen Hauses‹, zeigte schon bald erste Anzeichen von Erschöpfung, wobei die auffälligsten demographischer Natur waren. Hungersnöte, Pestepidemien und Erdbeben machten es Katalonien zwischen 1333 und 1521 unmöglich, erneut die Bevölkerungszahl des dreizehnten Jahrhunderts – damals eine Überbevölkerung – zu erreichen.

Hierin liegt der Ursprung eines ausgedehnten Agrarkonflikts. Die Bauern wollten sich aufgrund des Mangels an Arbeitskräften künftig bezahlen lassen und die verlassenen Gehöfte selbst bewirtschaften, die Gutsherren antworteten ihnen mit eisernem Beharren auf ihren alten Rechten: *derecho de maltratar, remença, malos usos.*[25] In den Jahren von 1380 bis 1480 entwickelte sich die ursprünglich schwärmerische und spontane Agrarrevolte zu einer politisch organisierten Bewegung, die schließlich sogar zum bewaffneten Kampf überging und die Fundamente des katalanischen Gesellschaftsgebäudes untergrub.

Um 1350 kam das Städtewachstum – entgegen offiziellen Erwartungen – zum Erliegen. Nach 1380 brachen Finanz- und Seehandelskrisen aus. 1391/92 führten sowohl der Konflikt zwischen Stadt und Land als auch städtische Unruhen zum Verschwinden der reichen jüdischen Gemeinden, vor allem auf Mallorca, aber auch in Gerona und Barcelona. Die besteuerbare Masse ging beständig zurück, die Staatsschulden nahmen zu. Der monetäre Zusammenbruch des aragonesischen Goldflorins ist, ebenso wie die Abwertung der verschiedenen Formen fiktiven Rechengeldes gegenüber dem Silber-*Croat* Barcelonas, Ausdruck der zunehmenden wirtschaftlichen Schwäche Kataloniens.

So wurde die Herrschaft von Peter IV., dem Zeremoniösen, (1336–1387) für die Krone Aragóns zu einer ruhmreichen Epoche, die allerdings deren Kräfte völlig erschöpfte. Die Regierungszeit Johanns I. (1387–1396) war glanzvoll, aber unruhig: Kulturelles Mäzenatentum und die Förderung geographischer und wissenschaftlicher Entdeckungen gingen Hand in Hand mit verschwenderischem Luxus und der Faszination gegenüber den *malas artes*, den schwarzen Künsten. Die Regentschaft von Martin I., dem Barmherzigen, (1395-1410) stand unter dem Zeichen des schweren Konflikts mit Cerdaña[26]. Die genuesische Seemacht und Piraten triumphierten im Mittelmeer, und die königliche Familie mußte den frühzeitigen Tod zahlreicher Mitglieder erleiden.

1410 kam es schließlich zur politischen Krise. Mit Martin I. erlosch die katalanische Dynastie, und der Schiedsspruch von Caspe gab 1412 die Krone Aragóns in die Hände eines Prinzen kastilischer Abstammung, Fernando de Antequera. Der fruchtbaren Zusammenarbeit zwischen den Königen und dem Handelsbürgertum Barcelonas wurde auf diese Weise ein jähes Ende bereitet. Der Niedergang der katalanischen Metropole kündigte sich an. Doch drückt sich in diesen Ereignissen auch eine Umkehrung im Kräfteverhältnis zwischen Zentralspanien und den Mittelmeerregionen aus.

Trotz der Blütezeit von Handel und Bankwesen in Barcelona in den Jahren zwischen 1420 und 1455 mangelte es der katalanischen Wirtschaft an einer soliden Bevölkerungs- und Produktionsgrundlage. Alfons V. vernachlässigte Spanien zugunsten der Eroberung des Königreichs von Neapel und ruinierte sich mit einer seine Kräfte übersteigenden Politik, die mit Niederlagen zur See (Ponza, 1435) und dem Abreißen der Handelsbeziehungen zwischen Barcelona und dem Orient bestraft wurde. Mitte des Jahrhunderts war die Krise in ganz Katalonien spürbar geworden. Der Außenhandel Barcelonas war 1450 auf ein Fünftel des Standes von 1335 gesunken. Unterdessen flammte der Agrarkonflikt wieder auf, und zwei politische Fraktionen, die sogenannten *bandos*, standen sich nun im Kampf um die Macht im Rathaus gegenüber: die *Biga*, die Partei der Rentiers und der Handelsaristokratie, der Importeure, und die *Busca*, Partei der Handwerker und Gewerbetreibenden, der Produzenten und Exporteure, Anhänger der Geldabwertung und des Zollprotektionismus. Der König ließ die Busca in den *Consell de Cent* einziehen und manipulierte daraufhin die Verhandlungen über soziale Forderungen zugunsten der abgabepflichtigen unfreien Bauern.

Hierin liegt die Begründung für den Bruch zwischen den führenden Klassen Kataloniens und der Monarchie, der sich unter Johann II. vollzog. Während der hohe Klerus, der Adel und das katalanische Bürgertum vergeblich nach einem König ihres Geschmacks suchten und Johann II. bei den Banden rebellierender Bauern im Osten Kataloniens Unterstützung fand, wütete zwischen 1462 und 1472 im ganzen Land ein heftiger Bürgerkrieg. Doch als kluger, weitblickender Politiker verstand es Johann II., die unteren Ränge der Armee hinter sich zu bringen, und so leitete er schließlich für seinen Sohn Ferdinand die kastilische Hochzeit in die Wege, das Faustpfand der Einheit Spaniens. Das katalanische Fürstentum jedoch ging geschwächt aus dieser Krise hervor. Nach 1484, als die Inquisition in Barcelona Einzug gehalten und die konvertierten Juden vertrieben hatte, zählte die Stadt bereits keine 20 000 Einwohner mehr. Ferdinand reorganisierte das Fürstentum und erhielt Katalonien durch Schlichtung des Agrarkonflikts (Schiedsspruch von Guadelupe, 1486) eine freie und starke, wenn auch zahlenmäßig kleine Bauernschaft. Aber trotz der verbrieften Autonomiezusicherung erlaubten Bevölkerungsrückgang und Ruin der führenden Städte den alten aragonesisch-katalanischen Staaten nur noch für kurze Zeit, eine unabhängige Politik zu betreiben.

Kastilien dagegen hatte sich im Laufe des 15. Jahrhunderts allem Anschein entgegen auf seine künftige Führungsrolle vorbereitet. Von außen betrachtet wurde es zwar immer noch von Unordnung und Mißwirtschaft heimgesucht: König Johann II. von Kastilien (1406-1454) war ein schwächlicher Schöngeist, sein Sohn Heinrich IV. (1454-1474) erhielt den Beinamen *el impotente* und herrschte über einen Hof mit befremdlichen Sitten. Doch der Hof ist nicht das Königreich, und das konnte sich unter den beiden langen Regentschaften festigen.

Was die Bevölkerungsentwicklung betrifft, so scheinen die Auswirkungen der Pestepidemien des vierzehnten Jahrhunderts in Kastilien von geringerer Dauer gewesen zu sein als im mediterranen Spanien. Die Eroberungsfeldzüge nach Granada und Afrika bezeugen das seit dem ersten Jahrzehnt des fünfzehnten Jahrhunderts wiederauflebende kastilische Expansionsstreben. In den Bürgerkriegen standen sich vielköpfige königliche Truppen und städtische Milizen gegenüber. Zwar liefert der in der Regierungszeit der Katholischen Könige erhobene Zensus von Quintanilla keine zuverlässigen Zahlen (die Bevölkerung Kastiliens wird auf 7,5 Mio. geschätzt), doch scheint Kastilien seit dem fünfzehnten Jahrhundert im Vergleich zu den Mittelmeerregionen wesentlich dichter besiedelt gewesen zu sein (ganz im Gegensatz zu der demographischen Situation des dreizehnten Jahrhunderts und der Gegenwart).

Auf wirtschaftlichem Gebiet etablierte sich, zeitgleich mit der Großen Pest von 1348, das bedeutende Privileg der *Mesta* – der Vereinigung der adligen Wanderschafherdenbesitzer.[27] Beide, *Mesta* und Pest, führten zur Ausweitung der Weideflächen auf den Hochebenen, die von kritischen Stimmen häufig als exzessiv bezeichnet worden ist. In einer Zeit aber, in der ganz Europa wirtschaftlich daniederlag, versorgte Spanien den Kontinent mit dem bestmöglichen Erzeugnis, das sich auf dem internationalen Markt verkaufen ließ: mit der Wolle der Merinoschafe. Die Wanderbewegungen der Schafherden, bewußt von allen ökonomischen Auflagen befreit, steigerten den Binnenhandel Kastiliens und begünstigte Messen wie die seit Anfang des fünfzehnten Jahrhunderts abgehaltene und 1483 neu organisierte Messe von Medina del Campo, bald schon gefolgt von den Messen von Villalón, Valladolid und Medina de Ríoseco. Nach außen hin sicherten die ›Konsulate‹ von Burgos (1494) und Bilbao (1511) den Export der Merinowolle und verschafften den spanischen Kaufleuten an Handelsplätzen wie Brügge, Nantes, London und La Rochelle eine Vormachtstellung.

Kastilien besaß nun zwei aktive Küstenregionen, die kantabrische und die andalusische, und der Wohlstand des Binnenlandes und der Küstenregionen waren eng miteinander verbunden. Zwischen 1460 und 1470 wurde in Cádiz das Navigatorenkolleg gegründet, das die großen Seefahrer der Entdeckungsfahrten hervorbringen sollte. Zudem wurde mit Schwarzafrika Handel getrieben und Krieg geführt, teils in Konkurrenz zu Portugal, teils gemeinsam. Auf der Suche nach jenem Gold, das in der zweiten Hälfte des fünfzehnten Jahrhunderts so sehr geschätzt wurde – einer Epoche, in der Edelmetalle rapide an Bedeutung und Wertschätzung gewannen –, erweiterten offizielle und private Expeditionen das Wirken der Reconquista jetzt auch auf afrikanisches Gebiet. Die Aussendung von Soldaten und Kaufleuten, zunächst auf den traditionellen Routen zwischen Orient und westlichem Mittelmeerraum, später dann nach Westafrika und zu den Kanarischen und Kapverdischen Inseln, hatte zur Folge, daß um 1480 Italiener, Spanier aus der Levante und konvertierte Juden in großer Zahl an den Hof der Katholischen Könige strömten, um hier an Ort und Stelle die endgültige Eroberung des Königreiches von Granada vorzubereiten. Mit ihnen kamen neben etlichen Kriegsherren auch ein ganzes Heer verarmter, aber abenteuerlustiger Adliger.

In dieser demographisch, ökonomisch und militärisch expansiven Gesamtlage nahmen wiederum die Mittelschichten eine hervorgehobene Stellung ein. Städtische Milizen, Klerus und Kleinadel wandten sich energisch gegen die ungebärdigen Granden und die Sittenlosigkeit des Hofes. Sie waren es auch, die den verfrühten Versuch des Ministers von Johann II., Alvaro de Luna (1445-1453), ein autoritäres Regime zu errichten, maßgeblich unterstützten. Die Tatsache, daß sowohl die Könige als auch der Hochadel weiterhin maurischen und jüdischen Einflüssen offen blieben, bewirkte im Volk den Erfolg der Predigten zur Glaubenseinheit und das Wiedererwachen des ›altchristlichen‹ Stolzes. Eine Frau zog letzlich den Nutzen aus all diesen Bestrebungen: Isabella, die Stiefschwester von König Heinrich IV., die seine Nachfolge für sich beanspruchte. Johanna, die Tochter Heinrichs, von der allgemein angenommen wurde, sie sei unehelich geboren, hatte das Nachsehen.

Inmitten der Adelswirren verkörperte Isabella die monarchische Ordnung, angesichts der allgemeinen Sittenlosigkeit stand sie für Tugendhaftigkeit, und sie repräsentierte die Erobererklasse in Abgrenzung zu Juden und Mauren. 1474, als Heinrich IV. starb, kam noch ein wichtiger Aspekt hinzu: Seit fünf Jahren mit dem aragonesischen Thronerben Ferdinand II. verheiratet, kündigte sich in der Person Isabellas nun endlich die Einheit Spaniens an. Zur gleichen Zeit allerdings hielt der König von Portugal um die Hand Johannas, der zweiten Erbin, an. Das Land stand an einem Scheidepunkt. Wohin würde sich in diesem entscheidenden Moment die iberische Geschichte wenden? Nach Westen oder nach Osten? Zum Atlantik oder zum Mittelmeer? Am Ende einer zehn Jahre währenden Auseinandersetzung (1469-1479) vereinte schließlich das moderne Spanien die Eroberertraditionen Kastiliens mit den mediterranen Ambitionen Aragóns. Portugal seinerseits entwickelte sich im großen kolonialen Abenteuer, das nun begann, zu einer eigenständigen Land- und Seemacht.

Deutlicher konnte der Triumph Kastiliens nicht ausfallen: Das katalanische Zurückweichen, der Niedergang des Mittelmeerhandels, die kastilische Herkunft Ferdinands und das Genie Isabellas machten es den östlichen Küstenregionen unmöglich, in der Geschichte der spanischen Einheit eine Rolle zu spielen, wie sie ein in rascher Entwicklung begriffenes Portugal hätte einnehmen können, wäre die Sache Johannas geglückt. Folglich bestimmten von nun an der Geist der ländlich-kriegerischen Hochebenen und der Reconquista die Geschicke Spaniens. Selbst bei der Herausbildung des ›modernen‹, des frühneuzeitlichen Spanien (insbesondere bei den kolonialen Eroberungszügen) waren es nach wie vor das Erbe des langen mittelalterlichen Kampfes sowie die territorialen und religiösen Expansionsvorstellungen, keinesfalls jedoch etwaige Handels- und Wirtschaftsambitionen, die die Lebensgewohnheiten und Denkweisen beherrschten. Diesem Überdauern des kastilischen Geistes, kämpferisch, mittelalterlich und in schroffem Gegensatz zu den aufkommenden Erscheinungen des Kapitalismus stehend, verdankt die Großmacht Spanien auf dem Höhepunkt der Macht ihre Einzigartigkeit und Größe, doch mit Sicherheit auch einige ihrer Schwächen.

Die klassische Geschichte: Die frühe Neuzeit

1479–1598. Drei Regentschaften, etwas mehr als ein Jahrhundert. Diese Zeit genügte, um Spanien zu einem der glänzendsten Triumphe zu führen, den die Geschichte je verzeichnet hat. Allerdings vollzog sich der Siegeszug zu schnell, als daß er auf einem gesichertem Fundament hätte stehen können. Und so folgte dem Aufstieg ein tiefer Sturz. Trotzdem ist es eben dieser Erfolg, der im Volk den noch heute im politischen Geist spürbaren und durchaus nachvollziehbaren Stolz hinterlassen hat, nicht nur eine wichtige Macht, sondern auch die erste und bedeutendste Nation gewesen zu sein, die ausgedehnte Kolonialreiche begründen sollte.

Der politische Aufbruch

Glanz und Schwächen der spanischen Einheit

Die Heirat der Katholischen Könige und ihr gutes Einvernehmen hatten die grundlegende Voraussetzung für die Einheit Spaniens geliefert: die Union von Aragón und Kastilien. 1492 eroberten die Könige Granada; 1515, ein Jahr vor seinem Tod, führte Ferdinand den entscheidenden Streich gegen Navarra und verleibte dessen Gebiete südlich der Pyrenäen seinem Herrschaftsgebiet ein. Von nun an wurde im Ausland nur noch vom ›König von Spanien‹ gesprochen. Aber auch den Westen der Iberischen Halbinsel ließ das Königspaar nicht außer acht. Daß aus den beiden portugiesischen Hochzeiten ihrer ältesten Tochter lediglich ein einziger Thronerbe hervorging, der noch dazu in jungen Jahren starb, war nicht ihre Schuld. Doch Philipp II., dessen Vater Karl V. selbst eine Infantin von Portugal geheiratet hatte, sollte eines Tages die gesamte Iberische Halbinsel und damit die beiden größten Weltmächte unter seinem Szepter vereinen. Dieser Zeitpunkt, das Jahr 1580, bildet den eigentlichen Höhepunkt der iberischen Geschichte.

Das katholische Königspaar
Ferdinand und Isabella von
Kastilien. Fassade der Universität von Salamanca

Man darf sich jedoch keinen Illusionen hingeben: Die spanisch-portugiesische Allianz war ein äußerst zerbrechliches Gebilde. Aufgrund seiner Eroberungen hatte Portugal zwischen 1479 und 1580 ein starkes Selbstbewußtsein entwickeln können. Dies und die Tatsache, daß eines der ersten Ergebnisse seines Zusammenschlusses mit Kastilien eben der Verlust jener Eroberungen war, ist der Grund für die Auflehnung Portugals gegen Spanien im Jahre 1640. Bot wenigstens die Einheit Spaniens im eigentlichen Sinne mehr Sicherheit?

Tatsächlich ist es nur schwer vorstellbar, daß sich die Katholischen Könige in den nur fünfundzwanzig Jahren ihrer Regierungszeit aller partikularistischen Gewohnheiten der Vergangenheit hätten entledigen können. Im Heiratskontrakt hatte Kastilien strengstens darauf geachtet, seine Rechte zu unterstreichen: *Tanto monta, monta tanto Isabel como Fernando* (Die eine ist so viel wert wie der andere, Isabella wie Ferdinand); außerdem hatte es sich die Gewinne aus den Entdeckungen vorbehalten: *A Castilla y a León, Nuevo Mundo dió Colón* (Christoph Kolumbus gab die Neue Welt an Kastilien und León). Als die Königin starb, verjagten die kastilischen Adligen Ferdinand, der es nur seiner dem Wahnsinn verfallenen Tochter Johanna verdankte, daß er später erneut die Regentschaft ausüben konnte. Aragón, das in Wirklichkeit eine Staatengemeinschaft war, in der Katalonien, die Balearen und Valencia sorgsam ihre *fueros*, ihre *Cortes*, ihre Zoll- und Steuerautonomie, Maße und Währungen bewahrten, hatte seine überkommene Verwaltung beibehalten. Selbst als es mit Karl I. von Spanien, dem späteren Kaiser Karl V., nur noch einen einzigen Herrscher gab, mußten in den alten Hauptstädten ›Vizekönige‹ im Amt erhalten werden. Zu keiner Zeit akzeptierten die alten Königreiche freiwillig die ›fremden‹, d. h. die aus Kastilien gekommenen Beamten und Soldaten. Um eine solche Geisteshaltung mit der Staatseinheit zu vereinbaren, bedurfte es einer Zentralmacht, die wenig forderte und deren Ansehen zugleich unbestritten war. Dies wurde unter Karl V. verwirklicht, teilweise auch noch unter Philipp II. Doch beide nutzten ihre starke Position weder um die alten Institutionen zu untergraben, noch um sich die Kontrolle über sie zu verschaffen. So besaß Spanien, als es schließlich darauf ankam, keinen Richelieu oder Ludwig XIV. Kaum hatte Philipp II. seine ersten Mißerfolge erlitten, erinnerte ihn Aragón schon mit aller Deutlichkeit an seine alten Vorrechte. Der erste wirklich konsequente Zentralisierungsversuch ist erst im siebzehnten Jahrhundert von Olivares[28] unternommen worden, zu einem Zeitpunkt, an dem sich die wirtschaftliche Kraft und militärische Stärke Zentralspaniens bereits erschöpften. Nun war es zu spät für eine gewaltsame Lösung. Portugal erhob sich, und Katalonien bot sich Frankreich an.

Durch diese beiden Zwischenfälle wurde im Jahre 1640 einer der Konstruktionsfehler des spanischen Staatsgebäudes sichtbar. Die Provinzen waren noch nicht organisch zusammengewachsen, da säte der Niedergang bereits erste Keime der Unzufriedenheit. Und so erwachte in regelmäßigen Abständen wieder die Erinnerung an die glorreiche Unabhängigkeit des Mittelalters.

Nutzen und Nachteil der religiösen Vereinheitlichung

Einer Gefahr hatten die Katholischen Könige ihre Aufmerksamkeit vor allen anderen gewidmet: der Vermischung der Religionen, der Sitten und der Rassen. An die Stelle dieser Vermischung, die Spanien im dreizehnten Jahrhundert seine geschmeidige Komplexität verliehen hatte, trat ein leidenschaftlicher Einheits-

Bekehrte Juden verehren die Jungfrau Maria

wunsch, ein religiöser Ausschließlichkeitswahn, der von nun an die spanische Bevölkerung charakterisieren sollten. Warum geschah dies und auf welche Weise? Das ist eine lange Geschichte, die oft zu sehr vereinfacht wird und die nicht erst mit den Katholischen Königen beginnt.

Schon anderthalb Jahrhunderte bevor diese den Thron bestiegen, hatten der Einfluß der Juden in der Oberschicht und die unterwürfige Tätigkeit maurischer Handwerker und Bauern im Dienst des Adels den Neid der christlichen Volksschichten hervorgerufen. Der Stolz auf ihre Wurzeln, auf die *limpieza de sangre*, die Reinheit des Blutes, kompensierte bei den Siegern der Reconquista die Furcht vor der spürbaren materiellen Überlegenheit der Besiegten. Die Kirche hingegen bangte um den rechten Glauben, da Ketzerei die christliche Welt und insbesondere das vom jüdischen und maurischen Geist durchdrungene Spanien bedrohte. Der hohe Klerus baute zwar auf seine Überzeugungskraft, die dem Volk näherstehenden Mönche drängten aber immer mehr auf umfassende Zwangsbekehrung. So kam es zu einer Kette von Bekehrungskampagnen und Volksunruhen, die mit den auf die große Pest des Jahres 1348 folgenden gewalttätigen Übergriffen begannen und mit den Pogromen von 1391 sowie den Predigten von Vincent Ferrier ein Ende nahmen. Doch die Maßnahmen der Könige zur Wiederherstellung der Ordnung und zum Schutz der Andersgläubigen führten lediglich zu einer verschärften Abgrenzung der einzelnen Religionsgruppen. Die aus den unzähligen erzwungenen Glaubensübertritten hervorgegangenen ›Neuchristen‹ galten allerorts als suspekt und hatten sich keineswegs in ihr Schicksal ergeben.

Die Herrschaft der Katholischen Könige stellt somit in der Geschichte der Religionseinheit keinen Anfangspunkt, sondern vielmehr einen Augenblick der Krise und der Entscheidung dar. 1478 wurde das Inquisitionstribunal, in erster Linie für verdächtig erscheinende konvertierte Juden, eingerichtet; 1492 folgte eine massenhafte Ausweisung der Juden; in Granada führte Cisneros[29] 1499 eine unerbittliche Bekehrungskampagne. Schließlich lehnten sich die Mauren auf, und es war Ferdinand selbst, der die Strafverfolgung leitete. 1502 jagte er alle Nichtbekehrten aus dem Land.

Das Problem war damit nicht gelöst. Karl V. mußte sich ihm erneut beim Volksaufstand der *Germanías*[30] in Valencia und auf den Balearen stellen, wo es einen wichtigen Aspekt bildete. Von 1525 bis 1526 setzte er alles daran, selbst die Erinnerung an die Bräuche und die Sprache der Ungläubigen in ganz Spanien zu beseitigen. Vergeblich. Die *Moriscos*[31] assimilierten sich nicht. Ihre Lebens- und Denkgewohnheiten, ihre Interessen und der Aufbau ihrer Gemeinschaft (sie boten den Königen Geld an) banden sie ebenso stark aneinander wie ihre alte Religion. Man fürchtete sie wegen ihrer Beziehungen zu den Berberpiraten und zu Frankreich. Als ›nationale Minderheit‹ wurden sie mit bekannten Waffen bekämpft: Unterdrückung von Lehre und Sprache, Propaganda, Trennung der Eltern von ihren Kindern, polizeiliche Unterdrückung, Beschlagnahme des Besitzes. Die Inquisition praktizierte diese Unterdrückung mit nicht mehr und nicht weniger Härte oder Skrupeln als gewöhnlich. Dennoch zerriß auch unter Philipp II. wieder ein schrecklicher Krieg den Süden Andalusiens. Das Ende ist hinlänglich bekannt: Unter Philipp III. triumphierte die Idee, daß eine allgemeine Vertreibung notwendig sei. Sie fand dann auch zwischen 1609 und 1611 statt. Es war ein schwerer materieller Verlust für das Land, aber dieses Mal war die innere Glaubenseinheit erreicht worden.

Doch ging diese große Auseinandersetzung einher mit einem anderen Konflikt: Das Zusammentreffen verschiedener Philosophien und Formen der Mystik machte den spanischen Geist ganz besonders empfänglich für Wandlungen des Glaubens. Der ›Illuminismus‹[32], der Erasmianismus und die Kühnheit einiger spanischer Reformatoren wie Juan de Valdés oder Miguel Servet zeigen, daß die Iberische Halbinsel der revolutionären Versuchung auf dem Gebiet der Religion nicht entging, für sie vielleicht sogar offener war als andere. Die Reaktion auf diese Abweichungen war jedoch heftig. Das Volk und der niedere Klerus gingen gegen die Heterodoxie mit denselben Gewaltmaßnahmen vor wie gegen Juden und Mauren. Letzten Endes setzte sich bei den Herrschern – vor allem bei Philipp II. – der Gedanke durch, katholische Rechtgläubigkeit sei identisch mit der Stabilität Spaniens. Die Waffe für diesen Glaubenskampf hielten sie bereits in Händen: Es bedurfte nur der kontinuierlichen Unterstützung durch die Könige, damit es der Inquisition gelang, um 1535 den kraftvollen Ansturm des Erasmianismus zu brechen und später, unter Philipp II., jegliche Bestrebungen der Protestanten zu vereiteln. So triumphierte der Unitarismus am Ende des sechzehnten Jahrhunderts sowohl über die religiöse Vielfalt der frühneuzeitlichen Welt als auch über die pluralistischen Überreste des Mittelalters.

Was war nun das Ergebnis dieses Triumphs? Noch heute ist er Gegenstand einer lebhaften, manchmal auch schmerzvollen Kontroverse. Manche Spanier sehen in der religiösen Ausschließlichkeit das Fundament vergangener nationaler Größe; andere wiederum erblicken in ihr den Ursprung allen Niedergangs. Dieser Gegensatz resultiert daraus, daß häufig versäumt wird, eine deutliche Abgrenzung zweier geschichtlicher Momente vorzunehmen. In dem einen, am Übergang vom fünfzehnten zum sechzehnten Jahrhundert, bringt das Zusammentreffen von Volksempfinden, kirchlichen Absichten und staatlichem Willen zugunsten der Religionseinheit eine Notwendigkeit zum Ausdruck. Bei Isabella schließt der Glaube Vorsicht keineswegs aus, Ferdinand ist nicht aus Fanatismus brutal, und obwohl Cisneros erbarmungslos gegen religiöse Dissidenten vorging, ist er dennoch – durch seine Klosterreform, durch die Gründung der Universität von Alcalá und als Herausgeber der Polyglottenbibel[33] – ein bedeutender Wegbereiter der Präreformation. Die Herrschaft der Katholischen Könige bereitete ein Jahrhundert des Triumphs vor. Spanien konnte den fremdländischen Habsburger Karl V. nur deshalb assimilieren, weil vor seiner Thronbesteigung eine Atmosphäre der Stärke geschaffen worden war. Wenn es eine neue Welt erobern und evangelisieren sowie die Gegenreformation materiell und geistig anführen konnte, so verdankt es diese großen Stunden seiner Geschichte einzig der am Ende des fünfzehnten Jahrhunderts erreichten moralischen Einmütigkeit.

Aber der von der Einheitspassion ausgelöste psychologische Mechanismus brachte auch andere Ergebnisse. Während sich die Welt um Spanien herum veränderte, paßte sich das Land diesem Wandel nicht an. Zum Teil ist der religiöse Unitarismus dafür verantwortlich zu machen. Von seinen Auswirkungen waren sowohl die in den oberen Gesellschaftsschichten angesiedelten Finanzgeschäfte der Juden betroffen als auch die am unteren Ende der Hierarchie situierte landwirtschaftliche Tätigkeit der Mauren in den östlichen Küstenregionen und Andalusien. Der Triumph der ›Altchristen‹ hatte eine verächtliche Haltung dem Gewinnstreben und dem Schaffensgeist im allgemeinen gegenüber zur Folge; er begünstigte auch die allgemeine Tendenz zum Kastendenken. Mitte des sechzehnten Jahrhunderts begannen die Zünfte, von ihren Mitgliedern Nachweise für deren *limpieza de sangre* zu verlangen – eine denkbar schlechte Vorbereitung für den Eintritt ins kapitalistische Zeitalter. Andererseits behinderte die gesellschaftliche Stellung der Kirche Produktion und Zirkulation der natürlichen Reichtümer: Die Vervielfachung des Klerus und der Wohlfahrtseinrichtungen belasteten die Wirtschaft mit unproduktiven Schichten; die Enteignungen durch die Inquisition, die Schenkungen an religiöse Gemeinschaften schufen unablässig sogenanntes ›Vermögen der Toten Hand‹.[34] Am Ende waren die Staatsfinanzen durch das vergebliche Streben nach geistiger Hegemonie ruiniert. Spanien, dem die Entdeckung Amerikas den ersten Platz in der frühneuzeitlichen Wirtschaftswelt hätte sichern können, hat diesen Rang nicht eingenommen: Es verdankt dies zum Gutteil jener mit ökonomischen und rassischen Konfliktstoffen vermischten religiösen Psychologie, die es vom ausgehenden Mittelalter geerbt hatte.

Die Passiva in der Bilanz der erzwungenen geistigen Vereinheitlichung dürfen nicht unberücksichtigt gelassen werden. Sie bereiten den ›Niedergang‹ des Landes ebenso vor wie die bis auf den heutigen Tag spürbaren Schwierigkeiten, mit denen es bei seinem Wiederaufstieg zu kämpfen hatte.

Der frühneuzeitliche Staat

Auf politischem Gebiet hatten die Katholischen Könige das Ungestüm des Hochadels gebrochen. Den Abenteuerdrang des kleineren Adels hatten sie auf die Armee gelenkt, sie hatten die geistlichen Ritterorden gebändigt und aus der *Hermandad*, der städtischen Bürgermiliz, eine staatliche Polizei gemacht. Ihre *corregidores*[35] waren in die großen Stadtverwaltungen eingeführt worden. Nur noch selten wurden die *Cortes* einberufen (von 1480 bis 1497 kein einziges Mal), in denen die *procuradores*[36] nun als eine Art Beamte fungierten. Als Ausgleich hatte das Königspaar im Machtzentrum ›Rätekammern‹ gegründet (den Kastilienrat, den Aragónrat, den Indienrat, den Finanzrat); diese Gremien bildeten den Kern einer berühmten Bürokratie. Die Justiz reformierten sie durch die Einrichtung einer ›Staatskanzlei‹ und der *audiencias* (Appellationsgerichtshöfe). Die Münzreform, die Begünstigungen der *Mesta* und das Eingreifen im Befreiungskrieg der katalanischen Leibeigenen zeugen von den ökonomisch-sozialen Absichten der Katholischen Könige. In jedem Fall haben sie die Zukunft durch ihre Taten maßgeblich geprägt.

Karl V. mußte sich hingegen mit einem letzten Aufwallen mittelalterlichen Brauchtums auseinandersetzen. 1521 zerschlug er bei Villalar die gegen ihn gebildeten *Comunidades* der kastilischen Städte. Nunmehr war der Absolutismus gesichert. Die 1520 vollzogene Unterteilung des Hochadels in *Grandes de España* und *Títulos* festigte die Adelshierarchie. In den *Cortes* tagten die *procuradores* der Städte von nun an allein. Letztlich waren es jedoch das internationale Ansehen Karls V. sowie sein ernsthafter Hispanisierungswillen und nicht so sehr die oben erwähnten Maßnahmen, die die Autorität der Krone auf längere Dauer sicherten.

Der Escorial im Bau. Anonyme Zeichnung

Philipp II. trieb die Bemühungen um die unangefochtene Herrschaft bis zum äußersten. Indem er das Lebenszentrum des Reiches erst nach Madrid, dann in das Palast-Kloster Escorial verlegte, hispanisierte Philipp die Staatsmacht bis zum Unerträglichen und verlangsamte durch seine Skrupel die bereits träge Staatsmaschinerie. Für den Staat waren die Sekretariate, Räte, *alcadías*, *cancillerías*[37] und *audiencias* eine kostspielige Angelegenheit; für die Bürger bedeuteten sie nicht selten den Ruin. Kastilien, das weniger geschützt war als die ehemals autonomen Staaten, wurde von Steuern erdrückt und durch Bürokratie und Korruption zunehmend gelähmt. Unter den Nachfolgern Philipps II. verkam der zu schnell errichtete Komplex des frühneuzeitlichen spanischen Staates bald zur – wenn auch imposanten – Fassade, die ein schon stark verfallenes Gebäude verdeckte.

Die spanische Hegemonie in Europa

Trotz allem zerbrach die »schreckliche Infanterie der spanischen Armee« erst ziemlich spät, nämlich 1643 in der Schlacht von Rocroy. Auch sie war ein Werkzeug, das unter den Katholi-

schen Königen geschmiedet worden war, zu einer Zeit als der
›Große Feldherr‹ Gonzalo Fernández de Córdoba begriff, welches menschliche und militärische Potential die Klasse der Hidalgos in sich barg.

Die Gründe für die spanische Expansion sind bekannt. Die Heiratspolitik der spanischen Königspaare und eine Reihe von Zufällen hatten Aragón und seine Interessen in Italien und im Mittelmeerraum, Kastilien und seine ersten kolonialen Eroberungen, das Haus von Burgund-Flandern, Österreich und schließlich das Heilige Römische Reich auf das Haupt eines einzigen Erben, Karls von Gent, vereint. Dies ist Teil der Universalgeschichte, zu bekannt, als daß es hier nachgezeichnet werden müßte. Festzuhalten ist lediglich die Bedeutung der Expansionsbestrebungen für die Zukunft Spaniens: Einerseits wurde durch sie die Politik des Landes mit dem allgemeinen Reichsgedanken in Einklang gebracht, andererseits zersplitterten sie die Kräfte der Nation und führten diese in den materiellen Ruin.

Daß Karl V. angesichts seines ausgedehnten Herrschaftsgebietes auf die Reichsidee, auf den Einheitstraum der Ghibellinen zurückgriff, ist leicht nachzuvollziehen. Und natürlich geschah dies unter dem Einfluß der spanischen Tradition, der Tendenz zu Evangelisierungskriegen und den juristisch-theologischen Thesen der Universitäten, in denen das Mittelalter weiterlebte.

Es genügt jedoch, dem jungen, glänzenden Helden von Pavia (1525)[38] den sorgenvollen und müden Sieger von Mühlberg[39] oder gar den Einsiedler von Yuste[40] entgegenzustellen, um festzustellen, daß Karl V. zum Ausleben des Expansionstraumes eine Kraft erschöpfte, die deutlich begrenzter war, als er geglaubt hatte. Nun entsprach seine Ermattung den allgemeinen Müdigkeitserscheinungen im spanischen Volk. Einige zehntausend gute Soldaten reichten bei weitem nicht für ein Weltreich aus, so daß Söldner gedungen werden mußten. Ebenfalls zu bezahlen waren die Reisen des Kaisers und die Hofhaltung der Vizekönige, dieses Aushängeschild eines jeden Souveräns des sechzehnten Jahrhunderts. Was war aus dem bescheidenen Haushalt *al modo de Castilla* geworden, an den die *Cortes* unablässig gemahnten? Der Staat sah sich gezwungen, Anleihen aufzunehmen, für die die berühmten Einkünfte aus *Las Indias* als Sicherheit dienten. 1539 schuldete man den Bankiers Fugger, Welser, Schatz und Spinola eine Million Dukaten, bereits 6 800 000 Du-

katen im Jahre 1551. Schon ein Jahr zuvor, 1550, waren die Einkünfte aus Amerika auf Jahre hinaus nicht mehr verfügbar. Die Zinsen wuchsen auf das Niveau von Wucherzinsen an. In den Kolonien und in Spanien selbst wurden Pfänder genommen wie die *Maeztrazgos*, die Minen von Almadén. Als Karl V. 1556 abdankte und das Reich zwischen seinem Sohn und seinem Bruder aufteilte, bekannte er damit sein zu gleichen Teilen politisches wie materielles Scheitern. Die Korrespondenz Philipps II. am Tag des großen Sieges von Saint-Quentin, der seine Regentschaft einläutete[41], zeigt, daß er von einer Frage wie besessen war: von der Sorge um die Soldzahlung. Der König von Spanien, den man von Gold überschüttet wähnte, war in Wirklichkeit durch ständigen Geldmangel gelähmt. 1557 machte er Bankrott. Der Weltmachtsgedanke war nicht mehr zeitgemäß. Die Ära rein national bestimmter Politik hatte begonnen.

Doch Philipp II. mochte sich dies nicht eingestehen. Er verlieh seinem Kampf gegen Frankreich die Bedeutung eines antiprotestantischen Feldzugs. Bei Lepanto[42] verteidigte er das Mittelmeer siegreich gegen das Osmanische Reich. Allein, in diesem glorreichen Jahrzehnt, das 1571 mit dem Seesieg von Lepanto eingeläutet wurde und um 1580 mit der Vollendung der iberischen Einheit[43] endete, lasteten bereits zwei ernste Gefahren über den Besitztümern Philipps II.: Die eine, der Aufstand der Niederlande, war innerer Natur, die andere, die Geburt des englischen Großmachtstrebens, kam von außen. Trotz härtester Unterdrückungsmaßnahmen gelang es Spanien nicht, den Aufstand der ›Geusen‹[44] unter Kontrolle zu bringen; 1597 war die Abspaltung der Niederlande faktisch vollzogen. Moralisch war das ein harter Schlag, da es sich um einen Sieg der Reformation über den Katholizismus handelte. Aber auch materiell war Spanien schwer getroffen: Die wirtschaftliche Verbindung Kastilien-Flandern war zerschlagen, Amsterdam trat als weltweit bedeutender Freihafen an die Stelle von Lissabon und Sevilla, und die Eroberung der portugiesischen Kolonien durch die Holländer kündigte sich an. Was die Engländer betrifft, so lag die Gefahr in weiterer Ferne. Mit Elisabeth I. brach die Rivalität beider Länder offen aus. Sie sollte Jahrhunderte andauern und Spanien

Philipp II. bei der Bekämpfung einer Hydra, die die Feinde des spanischen Reiches verkörpert; ihre Köpfe stellen u. a. Elisabeth I. und den Kurfürsten von Sachsen dar. Terrakotta-Figurine

König Ferdinand grüßt Kolumbus über den Atlantik.
Florentisches Flugblatt von 1493, Holzschnitt

Schritt für Schritt all seiner Besitzungen berauben. Das Unternehmen der ›unbesiegbaren Armada‹ zeugt vom spanischen Wunsch, die Bedrohung mit einem Streich ein für allemal zu beseitigen. Das endgültige Scheitern Spaniens im Jahre 1588 sicherte den bis dahin zweitrangigen Nationen Nordeuropas ihre maritime Zukunft. Es war ein Triumph des Protestantismus und zugleich des Kapitalismus. Das Weltgebäude der iberischen Macht sollte nicht mehr lange Bestand haben.

Koloniale Expansion und Wirtschaftsaufschwung

Dennoch blieb das spanische Kolonialreich für die frühe Neuzeit ein Faktum, dessen Bedeutung niemand ernsthaft in Frage stellte. Für das Bewußtsein der spanischen Nation war dies in der Folgezeit von einiger Wichtigkeit.

Es gibt in der Geschichte nur wenige Entdeckungs- und Eroberungsunternehmen, die der spanischen Kolonisierungsbewegung an Effizienz und Schnelligkeit gleichkommen. Auch wenn der Zufall dabei eine nicht geringe Rolle gespielt hat – man denke an den ›wissenschaftlichen Irrtum‹ des Kolumbus –, hat er doch den spontanen Kräften, aus denen die *Conquista* hervorging, nichts von ihrer Bedeutung nehmen können. Diese stellte gleichsam die Fortsetzung der iberischen Reconquista dar. Sie nahm ihren Anfang um 1400 auf den Kanarischen Inseln und vollzog sich zunächst parallel zum Vordringen in Afrika. Es handelte sich um einen Impuls, für den Spanien die Kraft vornehmlich aus dem eigenen Volk – den Seeleuten, Soldaten, Geistlichen und Auswanderern – schöpfte, wenn es auch weiterhin auf die Hilfe von Fremden und assimilierten Ausländern (Kolumbus, Vespucci, Magellan) angewiesen war.

Zwei Jahre nach der großen Entdeckung des Kolumbus teilte der Papst die Erde zwischen Portugal und Spanien auf. Die Jahre zwischen 1495 und 1503 waren eine Zeit des Freihandels, der freien Schiffahrt und mächtiger Expeditionen wie der zweiten Fahrt von Kolumbus oder der des Ovando, dessen Flotte 30 Schiffe und 2500 Mann umfaßte. Zehn Jahre (1492-1502) genügten, um eine Karte anzufertigen, auf der nicht nur die karibischen Inseln (Lacayas, die Antillen mit Hispaniola, Kuba, Jamaica, Puerto Rico) verzeichnet waren, sondern auch ein bedeutender Teil der Küstenlinie des amerikanischen Kontinents, der vom 34. Breitengrad der südlichen Hemisphäre über Brasilien bis nach Labrador reichte. Nun ging es nur noch um die Inbesitznahme des Landes. Auf Hispaniola lebten unter Ovando bereits zehn- bis zwölftausend Spanier, viele von ihnen Hidalgos und Edelleute. Oberhalb des Isthmus von Panama existierte die Vorform eines Reiches. 1513 erblickte Balboa, nach Durchquerung der Landenge, als erster Europäer den Stillen Ozean.

Während der Regierungszeit Karls V. beschleunigte sich der Rhythmus der Ereignisse. Die Jahre 1519-1522 waren von einer erstaunlichen Aktivität geprägt. Espinosa gründete Panama. Las Casas versuchte vergeblich eine friedliche Kolonisierung. Hernán Cortés gründete Villa Rica de la Vera Cruz, drang mit seinen Reitern in Mexiko ein, unterwarf die Azteken und wurde zum königlichen Statthalter in Neuspanien ernannt. Zur gleichen Zeit entdeckte Magellan den Seeweg nach Ostasien, und sein Steuermann Elcano erhielt von Karl V. das Wappen mit dem Globus, auf dem die Devise stand: *Primus circumdedisti me*.[45]

Von 1525 bis 1529 wurden Nicaragua vom Süden, Guatemala und Honduras vom Norden her erobert bzw. erforscht. Auf dem südamerikanischen Kontinent, in Venezuela (das den Welsern übertragen wurde), in Peru und am Rio de la Plata besetzte man Gebiete und richtete die Stützpunkte Santa Marta und Cartagena de Indias ein, von denen aus weiter ins Landesinnere vorgedrungen wurde. Der nordamerikanische Kontinent hingegen widersetzte sich mit seiner Landmasse tieferem Vordringen ins

Hernán Cortés. Kupferstich

Landesinnere; trotzdem durchquerte ihn Alvar Núnez Cabeza de Vaca vom Mississippi bis nach Kalifornien. Von Mexiko aus schiffte man sich bereits nach Asien ein.

Die große territoriale Expansion wurde 1531 mit der brutalen Eroberung des Inkareiches wiederaufgenommen. 1535 gründete Francesco Pizarro Lima. Almagro, der sich von diesem getrennt hatte, eroberte Bolivien; nach seiner Ermordung auf Weisung Pizarros im Jahre 1538 trat Valdivia seine Nachfolge an und drang bis zur südlichen Andenkette vor; 1541 gründete er Santiago de Chile. 1539 trafen drei Konquistadorenzüge aus Peru, Santa Maria und Santa Ana del Coro auf dem Hochplateau der Anden zusammen. Von Bogotá kommend zogen sie hinunter ins Tal und folgten dem Magadalenafluß bis zu seiner Mündung. Währenddessen wurden die Gebiete am Río de la Plata von Irala, der von Asunción aus aufgebrochen war, neustrukturiert. Im Norden bereiste Hernando de Soto das heutige Georgia, Coronado das heutige Colorado, ja sogar Arkansas. Und 1542 erreichte der von Neuspanien kommende López de Villalobos die Inselgruppe, die er ›las Filipinas‹, die Philippinen, nannte. In fünfzig Jahren hatte man die Ost- und Westküste der Neuen Welt über eine Spannbreite von 80 Breitengraden durchstreift und die Anden und Hochebenen überquert; die vier großen Flußbecken waren erforscht und der Stille Ozean erkundet worden. Während überall dort, wo es die natürlichen Bedingungen zuließen, Siedlungen entstanden, kam auf den Antillen dank des Handels mit afrikanischen Sklaven bereits der Zuckerexport in Bewegung.

Zur Zeit Philipps II. wurde die territoriale Besetzung im Süden, d. h. in Chile und im Bereich des Río de la Plata, fortgesetzt, wo die Zahl der Stadtgründungen und Niederlassungen nun deutlich anstieg: Mendoza (1559), San Juan (1561), San Miguel de Tucumán (1565), Santa Fe (1573), Córdoba (1573), Buenos Aires (1580), Salta (1582), Corrientes (1588) und San Luis (1597). Doch vor allem wurden 1580 durch die Union von Spanien und Portugal die Besitzungen im Fernen Osten mit denen Amerikas vereint. 1564-1565 gelang es einem großen Seefahrer, dem baskischen Mönch Urdaneta, von Asien kommend die amerikanische Küste zu erreichen. Legazpi besetzte Luzón, die nördliche Hauptinsel der Philippinen, und gründete Manila; Mendana, Sarmiento und Quirós entdeckten die Salomonen, Tahiti, die Marquesas und die Neuen Hebriden, Torres die Meerenge zwischen Australien und Neuguinea, die heute noch seinen Namen trägt.[46] 1580 besaß Spanien die Faktoreien Afrikas und Indiens, den Sunda-Archipel, die Molukken, Celebes und die Philippinen; es stand in wirtschaftlicher Beziehung zu Japan und China und spielte mit dem Gedanken, in Kambodscha und Siam zu intervenieren. Allerdings bedrohten auch schon niederländische Rebellen die Stellungen Spaniens, und Raleigh machte 1584 seiner Königin das Gebiet des heutigen Virginia zum Geschenk. Die spanische Expansion war auf ihre Gegner und an ihre Grenzen gestoßen. Gleichwohl bleibt die Bilanz ihrer Erfolge im Laufe des Jahrhunderts bemerkenswert.

Natürlich spielten Wissensdurst und individuelle Abenteuerlust eine entscheidende Rolle. Doch kam auch Spanien – in nicht geringerem Maße als Portugal – in den Genuß des Erbes der jüdischen und arabischen Wissenschaft, der Kartographenschule von Palma de Mallorca und der Erfahrung baskischer Seeleute. Ihre Verbindungen, das *Colegio* von Cádiz und die *Universidad* von Triana, waren Vorboten des materiellen Reichtums der Reeder von Sevilla sowie der technischen und wissenschaftlichen Leistungen der *Casa de Contratación* mit ihren Kartographen-*Juntas*, ihren *maestros de hacer cartas* (Kartenzeichnern), ihren *capitanes de mar* und ihrem *piloto mayor*[47], ihren Verfassern von *artes de marear* und *itinerarios*[48]. Die Erforschung der entdeckten Länder – einschließlich ihrer ›Humangeographie‹ und Geschichte – gehörte ebenfalls zu den Aufgaben. Fernando Colón war *cosmógrafo cronista* Westindiens, und man muß

Francisco Pisarro

wissen, daß die *catálogos* und *relaciones geográficas* zu den offiziellen, in den ›Ordonnanzen zur Entdeckung und Besiedlung‹ fixierten Pflichten der Entdecker gehörten. Von den allseits bekannten ausgezeichneten Chroniken und Reiseberichten wollen wir gar nicht sprechen. Jedenfalls war die Kolonisierung ein bewußtes und überlegtes Werk.

Obwohl manche Verträge und der Verwaltungsapparat der gegründeten Städte noch mittelalterliche Züge trugen, bestimmten die Ziele des modernen Staates die Kolonisierung. Der König erhielt nicht nur ein Fünftel aller Einkünfte aus den Kolonien, den *quinto real* (dieser wurde regelmäßig gezahlt, wenn auch nicht sehr sorgfältig berechnet), er besaß zudem das oberste Eigentumsrecht an jedem eroberten Stück Land. Die Verträge mit Magellan und Loaysa waren in dieser Hinsicht sehr präzise, Pizarro unternahm nichts ohne ordentliche Vollmachten, und falls nötig wurden selbst so angesehene Konquistadoren wie Kolumbus oder Cortés zur Ordnung gerufen. Balboa wurde von Pedrarias als Rebell hingerichtet. Trotz der furchtbaren Kämpfe zwischen den Konquistadoren wie dem von Pizarro und Almagro kam es erst nach 1580 zum offenen Aufstand gegen Philipp II. Das ausgeprägte Rechtsbewußtsein der Eroberer zeigt sich in der Gepflogenheit, nur in Gegenwart eines Notars von einem Gebiet Besitz zu ergreifen; das administrative Denken der Herrscher offenbart sich in den 1508 eingerichteten *audiencias* und *ayuntamientos*[49]. Das gesamte administrative System der Kolonien, angeführt von den Vizekönigen und dem Indienrat, war schwerfällig und funktionierte nur mangelhaft. Es hielt sich gleichwohl über drei Jahrhunderte.

Läßt sich hinter diesem Gebäude eine politische und moralische Konzeption der Kolonisation ausmachen? Mit dieser Frage berührt man das Thema einer berühmten Kontroverse: Dem von den Gegnern Spaniens (den Engländern, Franzosen und Kreolen in der Zeit des Befreiungskampfes) verbreiteten Mythos von den »tyrannischen Taten und Grausamkeiten der Spanier in Westindien«, der *leyenda negra*, wurde sehr viel später das idyllische Bild einer christlich bestimmten spanischen Kolonisation gegenübergestellt. Wichtig bei dieser Problematik ist es, deutlich zwischen der brutalen Praxis (die jedoch nicht brutaler war als bei anderen Kolonisierungen) und der mit einer Gesetzgebung verbundenen Doktrin, die an sich ehrenwerte Absichten verfolgte, zu unterscheiden (letztere fehlten häufig bei Kolonisierungen jüngeren Datums). Da sich die *leyenda negra* vor allem auf die einseitigen und emotionalen Anklagen des Bartolomé de Las Casas stützte, fiel es leicht, die Greueltaten, für die historisch konkrete, überprüfbare Spuren nur schwer zu finden sind, in Zweifel zu ziehen. Dagegen sind die Gesetzestexte und Doktrinen von unbestreitbarer Authentizität. Die »schwarze Legende« rundheraus abzulehnen, zeugt deshalb von derselben mangelnden Objektivität wie ihre kritiklose Hinnahme.

Wir wissen heute, daß menschliche Grausamkeit keine Grenzen kennt. In einem Jahrhundert, in dem ein Menschenleben wenig zählte, in einer geographischen Abgeschiedenheit, in der Hunger und Furcht ungeheure Belastungen darstellten, waren

Greueltaten der Spanier. Kupferstich, 1596

die spanischen Abenteurer zweifellos nicht unschuldig an den Verbrechen, die ihnen Las Casas zur Last legte; von den Chronisten und Mönchen, die Las Casas als Hitzkopf abtaten, wurden sie jedoch in ihren Taten bestätigt. Auf den Inseln, insbesondere auf Hispaniola, endete der Konflikt zwischen Goldwäschern und Zuckerrohrpflanzern, beide auf der Suche nach einheimischen Arbeitskräften, mit einer wahren Menschenjagd, dem kollektiven Selbstmord einer Rasse und deren Ersetzung durch Schwarzafrikaner; ihre Versklavung und den Handel mit ihnen hat niemand bestritten.

Als Kolumbus der Königin Isabella die gefangenen Indios als Sklaven offerierte, antwortete diese: »Welche Machtbefugnisse hat der Admiral von mir empfangen, um meine *Vasallen* an jemanden zu verschenken?« Die Sorge der Könige, über die Indios als direkte und freie Untertanen verfügen zu können, rettete diese vor dem Sklavenstatus, da sie nach ihrer Bekehrung im Prinzip allen anderen Untertanen gleichgestellt waren. Dies war seit 1500 der immer wiederkehrende Inhalt der *Leyes de In-*

dias[50]. Doch der wiederholte Zwang, sie zu überprüfen, beweist die Diskrepanz, die zwischen dem Prinzip und seiner Anwendung bestand. In den Minen wurden die *mitas* (Zwangsarbeit) organisiert, die sich auf die Sitte unentgeltlicher Arbeitsdienste in den eroberten Ländern stützen konnten. Auf dem Gebiet der Landwirtschaft wurde der königliche Rechtsanspruch des *dominium directum*[51] über den Indio weder verallgemeinert noch aufgehoben; privilegierten Kolonisten vertraute man ›die Seelen‹ einer bestimmten Anzahl von Indios an. Man rechtfertigte die Zwangsarbeit mit dem als Gegenleistung gewährten Schutz, der Sicherung des Lebensunterhalts sowie dem Katechismus und nannte dies *encomienda*[52]. So etablierte sich ein halb koloniales, halb feudales Verhältnis zwischen Spaniern und Indios. Natürlich gab es Mißbrauch, trotz der paternalistischen Formen. Als sich die Klagen häuften, reagierte die Krone mit den *Nuevas Leyes* von 1542. Doch die wohlorganisierten Nutznießer des Systems konnten sich erfolgreich den Neuerungen widersetzen, ihnen kamen die Einrichtungen der Kolonialverwaltung zu Hilfe, die nicht zögerten, Reformprediger von den Kanzeln zu jagen. Dem Willen des Königs »gehorcht man, doch man vollzieht ihn nicht«, war ihre Devise.

Dies nimmt der politischen und moralischen Diskussion um das System der *encomienda* nichts von ihrer Bedeutung. Es ist vorteilhaft für eine Kolonialnation, einen Las Casas besessen und ihn nicht ins Abseits gedrängt zu haben. Die Schule von Salamanca, mit Melchor Cano, Domingo de Soto und Francisco de Vitoria, führte Mitte des sechzehnten Jahrhunderts die Diskussion um die spanische Amerikapolitik von humanitären Fragen auf die juristische Ebene des *jus gentium*[53]. Andere Theologen wie Sepúlveda antworteten darauf mit dem Argument der Staatsraison und der Unvollkommenheit der menschlichen Natur. Allerdings begeisterten die präkolumbianischen genossenschaftlichen Bräuche, insbesondere die der Inkas, auch manche Theologen. Auch konnten die Siedlungen der Indios – die *reducciones* – zuweilen, wie im Fall der Jesuiten in Paraguay, die Form eines autoritären und theokratischen Bauernkommunismus annehmen.

Bisweilen konnte die Diskrepanz von Gesetzestext und Praxis aber auch glückliche Konsequenzen haben. Dies gilt zum Beispiel für die von der Inquisition verhängte Zensur, die nicht verhindern konnte, daß sich die Bibliotheken der Neuen Welt mit profanen Werken füllten und diese somit an der intellektuellen Aktivität des Goldenen Zeitalters teilhatten. Die Schönheit der Kolonialstädte kann noch heute bewundert werden. Schwieriger ist es hingegen, den tatsächlichen Umfang der sprachlichen Hispanisierung und der Christianisierung zu ermessen. Das indianische Substrat blieb in der Bevölkerung erhalten, denn es gab keine systematische Politik der Ausrottung, Segregation oder Assimilation der Rassen. Der Anteil der Mestizen an der Bevölkerung war außerordentlich groß. Dieses Völkergemisch war der Ursprung neuer Nationen.

Was die materiellen Ergebnisse der Conquista in *Las Indias* und im iberischen Mutterland angeht, so war das koloniale Expansionsstreben Spaniens eine entscheidende Triebkraft des ökonomischen Wandels, aus dem die moderne Welt geboren wurde. Die Expansion schuf den ersten Weltmarkt und bot der Entwicklung der europäischen Produktion eine immer bessere monetäre Deckung. Wir werden noch sehen, wie derselbe Mechanismus Spanien schließlich von der Entwicklung des Kapitalismus ausschloß. Der Niedergang des Mutterlandes ließ das Werk der Kolonisatoren in den Augen des achtzehnten und neunzehnten Jahrhunderts als nicht sehr bedeutsam erscheinen. Doch schon Alexander von Humboldt zeigte, daß die größten Veränderungen in Flora und Fauna aus der Zeit der spanischen Kolonisierung datieren. Seit 1495 förderte man die Auswanderung von Bauern und Handwerkern, wenngleich Gold und andere Edelmetalle die Hauptanziehungskraft ausübten. Auf jeder Überfahrt wurden Saatgut und Tierpaare mitgeführt, die den Grundstock aller Weizenfelder und Viehherden Amerikas bildeten. Die Verwalter konnten sich zu dieser Zeit für Topfpflanzen und sorgsam gesammelte Samen von Früchten begeistern. Auch die stolzesten Konquistadoren wie etwa Pizarro säten und pflanzten, stauten Flüsse und errichteten Mühlen. Zuweilen ermöglichte das Klima so rasche Erfolge in der Viehzucht, daß die Preise für Fleisch und Häute trotz der nahen Erzgruben zusammenbrachen. Nicht alle Anbauversuche gelangen hingegen, es gab auch Mißerfolge wie im Falle der Seidenproduktion, die aufgrund der starken Konkurrenz aus dem Fernen Osten scheiterte. Die Zuckerrohrpflanzungen auf den Antillen und in Südamerika begründeten ungeheure Vermögen. Bekanntlich war die Bewegung von Amerika nach Europa nicht weniger bedeutend: Auch wenn der Siegeszug von Mais und Kartoffel erst später stattfand, kann man sagen, daß sich im sechzehnten Jahrhundert mit der Erschließung der Neuen Welt der landwirtschaftliche Horizont Europas grundlegend wandelte.

Was die Edelmetallvorkommen betrifft, so sind erhebliche regionale Unterschiede zu verzeichnen. Länder wie Paraguay waren so arm an Gold und Silber, daß die aus Europa importierten Stoffe und Werkzeuge fast das ganze sechzehnte Jahrhundert über den Platz des Geldes einnahmen. Zur gleichen Zeit, ab 1550, lieferten Mexiko und Peru beinahe das gesamte Edelmetall, das Europa überschwemmte.

In Neuspanien (Mexiko) machten sich die Minen und die großen Landgüter gegenseitig die Arbeitskraft der Indios und Mestizen streitig. In Peru, wo das kultivierte Land knapp und die Bauern durch weit zurückreichende Bräuche an die Scholle gebunden waren, mußten Züge von *mitayos*, den indianischen Zwangsarbeitern, organisiert werden, um in 4000 Metern Höhe annähernd 150000 Bergleute und Arbeiter zusammenzubringen. Doch trotz der Schutzgesetze und der Bemühungen mancher Vizekönige kam es in beiden Fällen zu einem Bevölkerungsrückgang, dem an der Wende vom sechzehnten zum siebzehnten Jahrhundert ein jäher Anstieg der Produktionspreise für Edelmetalle folgte.

Unterdessen wurden in Deutschland entwickelte technische Verfahren zur Erzveredelung eingesetzt, die während der Regierungszeit Karls V. noch fest in der Hand deutscher Spezialisten lag. Zwischen 1554 und 1557 ermöglichte dann die Revolution der Quecksilberamalgamierung große Einsparungen von Brennstoff und die Verarbeitung von Erzen mit geringem Silbergehalt. Viele Spanier hatten Anteil an den Bemühungen zur Verbesserung des Bergbaus, unter ihnen Bartolomé de Medina, J. Capellin, F. de Velasco, Péres de Varges, Arfe u.a. Von großer Bedeutung war ebenfalls die Abhandlung von Alonso Barba aus dem Jahre 1640.

In jedem Fall beschleunigte sich zwischen 1503 und 1560 der Rhythmus der für Europa bestimmten Edelmetalllieferungen. Dabei stellten die ersten zweiunddreißig Jahre lediglich 37,4%, die letzten zehn Jahre dagegen 46,7% der Gesamtmenge, das sind nach dem Nominalwert 800 Millionen Maravedis pro Jahr.

Mitayos, indianische Zwangsarbeiter. Kupferstich, 1597

Das Jahrzehnt 1591–1600 repräsentiert mit 3 Milliarden Maravedis pro Jahr den absoluten Höhepunkt. Ab 1600 sank der Zustrom von Edelmetallen aus der Neuen Welt, um 1630 beschleunigte sich diese Entwicklung. Zudem bestanden die Metallieferungen zwischen 1521 und 1530 zu 97% aus Gold, zwischen 1591 und 1600 dagegen zu 87% aus Silber. Auf diese Weise veränderte sich das Wertverhältnis von Gold und Silber auf dem europäischen Kontinent von 1:10 zu 1:15.

Während die spanische Kolonisierung die Wirtschaft der Neuen und der Alten Welt revolutionierte, hatte sie in Spanien ganz andere Auswirkungen. Dieses schwierige Problem ist in verschiedenen Richtungen und oft vorschnell abgehandelt worden. Für die einen hat das Gold von *Las Indias* dazu gedient, die spanische Hegemonie zu sichern. Für andere ist dasselbe Gold die Ursache des Niedergangs. Wie immer empfehlen sich zeitliche und räumliche Differenzierungen. Im fünfzehnten Jahrhundert haben das Bevölkerungswachstum, der Aufschwung der Landwirtschaft, die Spezialisierung der Wollproduktion, die Erneuerung des Binnenhandels und die Beteiligung am internationalen Handel die Expansion Kastiliens nach außen vorbereitet. Dieser Impuls ist weder auf das Eintreffen von Edelmetallen noch auf die Kolonisierung im allgemeinen zurückzuführen; er muß im Gegenteil als deren Ausgangspunkt angesehen werden. Die Ära der Katholischen Könige war eine schöpferische Epoche.

Seit im Jahre 1503 die Anordnungen veröffentlicht wurden, die die *Casa de Contratación* organisierten (nach dem Modell von Burgos und bestimmt sowohl für den Handel mit Afrika wie mit *Las Indias*), avancierte Sevilla »vom äußersten Rand des Landes zu seinem Mittelpunkt«, so Fray Tomás de Mercado, der große Analytiker der Prosperität und des Geld- und Warenhandels der Stadt.

Die Verfechter des Liberalismus haben die Monopolstellung Sevillas, die im Gegensatz zum portugiesischen Gewürzhandel jedoch kein staatliches Monopol war, immer wieder kritisiert. In Wirklichkeit stellte sie ein wirksames Organisationsinstrument dar und war ohne Zweifel den Erfordernissen der Zeit bestens angepaßt. Sevilla war nicht nur ein Ort der Bürokratie und der Spekulation, sondern gleichzeitig ein wichtiger Kolonial- und Welthafen. Der andalusische Grundbesitzer verkaufte dort seinen Wein und seinen Weizen, ebenso wie jedes bedeutende europäische Handelshaus am Ort seine Repräsentanz besaß.

Wohl spielte Genua in den Anfängen des Überseehandels noch die entscheidende Rolle, und auch der Außenhandel dominierte weiterhin. Doch der spanische Handel verschwand nicht auf einen Schlag. Um 1560 flossen von Medina del Campo Waren und finanzielle Mittel sowohl nach Lissabon als auch nach Sevilla, wodurch der Verlust der Märkte im Mittelmeer und im Orient – sogar für die katalanischen Tuche – kompensiert wurde.

Zwischen 1532 und 1552 folgten die Banken von Sevilla – die der Espinosa, Iñíguez, Lizarraras, Negrón, Morga – der Maxime des Fray Tomás de Mercado: Man »hortete eine Welt und umspannte mehr als einen Ozean«. Immerhin ließ sich das sagenhafte Metall aus Amerika gegen andere Dinge eintauschen, ohne Zweifel zunehmend gegen ausländische Erzeugnisse, in erster Linie jedoch gegen Korn, Mehl, Wein, Öl und Pferde aus Andalusien. Die plötzliche Nachfrage aus den Kolonien zu nie gekannten Preisen und später die Nachfrage von jenen, die sich die Kolonialgewinne teilten, erklären den Preisanstieg, der allerdings sehr unterschiedlich ausfiel: Wein war sehr viel mehr davon betroffen als Öl, Öl mehr als Weizen; daher die Weinberge von Jerez und die Ölbaumpflanzungen von Jaén. Die Entwicklung der Seidenproduktion sicherte Granada unter Karl V. eine relative innere Stabilität; die Moriskenfrage konnte damals mit einem Kompromiß geregelt werden. In Valencia schuf die Seide das, was man ›das andere Indien‹ nannte; und auch anderswo breiteten sich Weinberge und Reisfelder immer mehr aus.

Was die Industrie betrifft, so gibt es niemanden, der die Zahlen, welche die *arbitristas*[54] des siebzehnten Jahrhunderts aus Nostalgie dem Textilgewerbe von Sevilla, Toledo, Cuenca und Segovia zugeschrieben haben, für zuverlässig hielte. Doch es ist unbestritten, daß unter Karl V. die gewerbliche Produktion einen Höhepunkt erreichte. Zur gleichen Zeit entstand das baskische Hüttenwesen. Durch den Schiffbau dezimierte sich der Baumbestand der Küstenregionen Valencias und Kataloniens. Das Wachstum der Städte ist ein Indikator der Handels- und Gewerbetätigkeit, die im Zuge einer dynamischen Bevölkerungsentwicklung immer mehr Menschen anzog. Trotz der Auswanderung nach Übersee begann die große Landflucht erst nach 1570.

Wenngleich die historische Rekonstruktion dieses inneren Wirtschaftswachstums nicht so weit gediehen ist wie die Erforschung des Überseehandels und der Rolle der Edelmetalle, so läßt sich doch mit Bestimmtheit sagen, daß jene Entwicklung, die zur Zeit der Katholischen Könige begonnen hatte und durch die Erfolge der Entdeckungen jäh beschleunigt wurde, bereits während der Herrschaft Karls V. zu Ende ging.

Schwieriger ist es, ein Urteil über den Rhythmus der wirtschaftlichen Entwicklung in der Regierungszeit Philipps II. zu fällen. In seiner Denkschrift, die einen Platz unter den großen merkantilistischen Texten verdient, analysierte Luis Ortiz bereits 1558, unmittelbar nach dem großen Staatsbankrott, die beiden wesentlichen Faktoren des sich ankündigenden Niederganges: das Ungleichgewicht zwischen den Preisen im Inland und im Ausland sowie die außerhalb des Königreichs getätigten Staatsausgaben.

Der genaue Zeitraum, in dem diese Faktoren den Verfall auslösten, läßt sich nicht bestimmen. Hier soll der Hinweis genügen, daß seit 1560 der Anstieg der Löhne in spanischen Unternehmen die Gewinne aus der Teuerung zunichte machte, daß

Die iberische Halbinsel im 17. Jahrhundert

die Messe von Medina del Campo an Bedeutung verlor, die Zahl der Konkurse zunahm und es gleichzeitig zu inneren Unruhen wie dem Aufstand der Morisken kam.

Erst nach 1600, als die von der Pest ausgelöste demographische Katastrophe mit dem verlangsamten Eintreffen der Edelmetalle aus *Las Indias* zusammentraf, sah sich der spanische Staat gezwungen, eine minderwertige Münze aus Kupfer zu schlagen und somit vom Goldenen (oder zumindest silbernen) Zeitalter zum ›Bronzezeitalter‹ überzugehen.

Das Goldene Zeitalter

Das spanische *Siglo de Oro* war kein plötzlich eintretendes Ereignis, sondern der glanzvolle Höhepunkt einer Entwicklung, die bereits im fünfzehnten Jahrhundert durch die Fortschritte der Sprache, die Entwicklung eigenständiger literarischer Gattungen und die Verfeinerung des plateresken Stils[55] vorbereitet worden war. Isabella hatte Gelehrte ins Land gerufen, die Einführung von Lehrbüchern und den Buchdruck gefördert und der Universität von Salamanca mit ihren siebzig Lehrstühlen zu neuem Aufschwung verholfen. Cisneros hatte die Universität von Alcalá gegründet. Die Ausstrahlung der spanischen Präreformation oder des Humanismus eines Juan Luis Vives ist bekannt. Und auch die Gegenreformation wurde von hervorragenden Köpfen geführt. Außerdem schlug sich der katholische Universalismus im spanischen *Siglo de Oro* nicht in antikem Geist entliehenen Universalformeln nieder wie im französischen Klassizismus; vielmehr findet man überall mittelalterliche, nationale und volkstümliche Aspekte. Das ›Goldene Zeitalter‹, lebendig und vielfältig, brachte nicht allein das Lebensgefühl einer elitären Minderheit, sondern das der gesamten Nation zum Ausdruck.

Zunächst ist da die mystische Ahnenreihe. Sie beginnt mit den ersten Erfindern geistiger Exerzitien: mit García de Cisneros, dem Lehrer des hl. Ignatius von Loyola, Ibáñez und Báñez, den Beichtvätern der hl. Theresa von Avila, mit Alonso de Madrid, Juan de Avila und Pedro de Alcántara. Unter den Mystikern standen der sanfte Fray Luis de León auf der untersten, die hl. Theresa und San Juan de la Cruz, in denen das mystische Leben seinen vollkommenen sprachlichen Ausdruck fand, auf der obersten Stufe.

Die mystische Sprache hat in der bildenden Kunst ihre Entsprechung. Einem hispanisierten Griechen gelang in Toledo die Synthese aus byzantinischem Hieratismus, den späten Kühnheiten Tintorettos und kastilischer Überschwenglichkeit. Seine Lehre von der reinen Form machte ihn zu einem Vorbild der modernen Kunst. Trotzdem besitzen diese Formen auch eine enthüllende Kraft. Wenn sich in der Kapelle von Santo Tomé der Vorhang vor der *Grablegung des Grafen von Orgaz* hebt, bringt uns die Symmetrie von himmlischer und irdischer Ordnung, die

Die heilige Theresa von Avila

Schlankheit der Gestalten und die Dichte der Physiognomien in unmittelbaren Kontakt mit dem inneren Leben einer ganzen Epoche. El Greco gestaltete das Signum des Goldenen Zeitalters.

Aber die mystischen Jahre hatten auch den Intellekt nicht ruhen lassen. Schon vor geraumer Zeit hat Menéndez Pelayo – in vielleicht etwas übertriebener Weise – den Gelehrten des *Siglo de Oro* Gerechtigkeit zuteil werden lassen. Von der Mitte des fünfzehnten bis zur Mitte des siebzehnten Jahrhunderts folgten

Grablegung des Grafen von Orgaz, El Greco, 1586

Ingenieure, Ärzte, Astronomen und Botaniker aufeinander, Philologen wie Nebrija und Arias Montano, Historiker wie Jerónimo Zurita oder Juan de Mariana; der Höhepunkt ihrer Aktivität lag um das Jahr 1580. Auf wirtschaftstheoretischem Gebiet führte der ›Niedergang‹ zu den zahllosen Erklärungsversuchen der *arbitristas*; doch bereits um 1550 hatte die Preissteigerung Martin de Azpilcueta zu einer ersten Ausformung seiner quantitativen Geldtheorie und Tomás de Mercado zu seiner modernen Interpretation der internationalen Wechselkurse veranlaßt.

Auch die Werke eines Francisco Suárez und eines Francisco de Vitoria sind intellektuelle und rationale Leistungen.[56] Auf der Grundlage der Staatsgewalten und des Völkerrechts leiteten sie ausschließlich aus theologischen Prämissen eine politische Doktrin ab, auf die sich noch einige Theoretiker in der Zeit des Franco-Regimes beriefen. Es ist jedoch wenig wahrscheinlich, daß das gekünstelte Latein von Suárez den Publizisten der vierziger Jahre geläufig gewesen ist.

Auch in der Literatur der Zeit macht sich ein intellektuelles Moment bemerkbar. Insbesondere im siebzehnten Jahrhundert nahmen die Leidenschaft und die Verbitterung Quevedos, die Mystik Calderóns und die poetische Feinfühligkeit Góngoras eine solche Wendung – eine kostbare und sehr spanische Tradition, an der sogar Cervantes und die hl. Therese teilhatten. Dennoch konnten die theoretischen Überlegungen der geistigen Elite zu keinem Zeitpunkt die populäre Vitalität der spanischen Kunst ersticken. Religiöse Predigten, Theater, Tanz und Liedgut bewahrten ihre mittelalterliche Funktion. Die Vergeistigung des Zeitalters ging in die Werke des Schriftstellers und Dominikanerpredigers Fray Luis de Granada über. Womöglich noch stärker war ihr Einfluß in den Werken der Schüler von Alonso Berruguete, den barocken, zuweilen aber auch unverhofft klassischen Schnitzereien polychromer Holzfiguren. Und auch die Arbeiten ihrer Nachahmer hatten daran Anteil, was am Beispiel der *pasos*[57] mit ihren blutüberströmten, gequälten Gesichtern, denen man in Prozessionen und auf Dorfaltären begegnet, deutlich wird. In gleicher Weise entsprach den politischen Konstruktionen eines Suárez die naive, aber lebendige Mentalität der Bevölkerung: der Wunsch nach Freiheit, das Ehrgefühl und das moralische Empfinden der ›Altchristen‹, die sich der Tyrannei widersetzen und es wagten, sich wegen örtlicher Ungerechtigkeiten an den König zu wenden. Dann betraten mit Lope de Vega, Cervantes und Velázquez Genies die Bühne, die die tiefwurzelnden nationalen Traditionen mit den großen mystisch-intellektuellen Bewegungen zu verknüpfen wußten.

Das Theater schematisiert im *auto sacramental*[58] das Mysterienspiel des Mittelalters. In ihm wurden, vor allem bei Lope de Vega, der reine dichterische Ausdruck, die gelehrte oder konventionelle Handlung sowie die doktrinalen, religiösen oder patriotischen Aussagen miteinander vermengt. Letztere bekommen

Calderon de la Barca

einen fast schon revolutionären Charakter, wenn in den Schlußszenen von ›Fuenteovejuna‹ oder ›Peribáñez‹ der Widerstand gegen die Tyrannei gepriesen wird.

Das Genie Cervantes ist klarer geordnet. Sein Leben stellt für sich schon eine Synthese der spanischen Eigenarten dar. In seiner Funktion als Soldat in der Schlacht von Lepanto, als Gefangener der Mauren, der von einer Bruderschaft freigekauft wurde, als mehr oder weniger skrupulöser Beamter des Königs und als treuer Katholik von allerdings zweifelhafter Rechtgläubigkeit (denn er ist auch ein Sohn der Renaissance) sinnt er über sein Land und seine Zeit nach. Seine Hauptthemen sind die bis zum äußersten getriebene geistige Größe und Verzückung, die noch nicht versiegte Quelle des gesunden Menschenverstandes im Volk und das heruntergekommene spanische Gebäude in einer Welt, die sich im Aufschwung befindet. Und tatsächlich nehmen die Gegensätze in seinem Werk Gestalt an: Quijote – Sancho,

Idee – Realität, Individuum – Gesellschaft. Und da Cervantes komisches Genie besitzt, reizt dies zum Lachen; da er das Spiel der Nuancen beherrscht, durchdringen sich die Gegensätze. Da er über Sinn für das Allumfassende verfügt, ist die Erzählung philosophisch; im gleichen Maße ist sie allerdings auch national und sagt etwas über ihre Zeit aus. In der frühneuzeitlichen Welt sucht Don Quijote mittelalterliche Lösungen: Kreuzzug, Abenteuer, Mystik einer Welt, die von Waffen geschaffen und vom Geist poetisch verklärt wird. Dies erscheint töricht, aber einzig und allein, weil sein Verhalten anachronistisch ist. Als Symbol Philipps II. und eines ohnmächtigen, da mit seiner Zeit nicht Schritt haltenden Spanien ist die Rüstung Don Quijotes Zeichen der Ablehnung von Verbürgerlichung, so wie Charlie Chaplins schwarzer Gehrock die Verweigerung der Proletarisierung darstellt. Cervantes ist der früheste und der subtilste jener *arbitristas*, die den Niedergang Spaniens zu erklären versuchten. Er steht im Herzen der Geschichte seines Volkes.

Etwas später bietet uns Diego Velázquez das Bild eines noch näher am Abgrund stehenden Spaniens. Wie vor ihm El Greco, so gibt dieser Maler den Dingen eine zeichenhafte Bedeutung. In seinen auf den ersten Blick vielleicht konventionell anmutenden Bildern offenbart sich dem Betrachter wie unbeabsichtigt eine Landschaft (im Hintergrund der *Sierra*), ein letztes Aufblitzen der Geschichte (in der *Übergabe von Breda*) oder ein Volk (in den *Spinnerinnen*, den *Trinkern*, den *Schmieden des Vulkan* sowie in den Bettlerdarstellungen). Dies alles ist noch heute dem einfachsten Spanier unmittelbar zugänglich. Bacchus und Apoll, die sich mit dem andalusischen Bauern oder mit dem kastilischen Handwerker unterhalten, symbolisieren diese Kunst, die unablässig aus zwei Quellen schöpft: die eine klassisch, die andere volkstümlich – Phantasie und Wirklichkeit. Doch auch bei Velázquez ist die Unruhe präsent: Seine Besorgnis über die Degeneration des Adels zeigt sich in den Hofporträts, die Sorge über den Verfall der unteren Schichten in den *picaros* und *bobos*, den Schelmen und Toren. Wieder läßt das Genie hier die Geschichte lebendig werden, ohne System, aber mit vollendeter Klarheit.

Dabei stand das Spanien zur Zeit von Velázquez noch hoch im Ansehen. Es war Vorbild für das Große Jahrhundert Frankreichs. Um 1650 war das Kastilische an allen Höfen die Sprache der Vor-

Titelblatt zu einer französischen Don Quijote-Ausgabe.
Kupferstich, 1640.

nehmen. Die Vornehmheit des kastilischen Hofes stach vorteilhaft ab gegenüber dem geschmacklosen Luxus Ludwigs XIV. und seiner Gefolgschaft, wie auf der Tapisserie von Versailles ersichtlich ist. Spanien selbst kultivierte später den Hochmut des Edelmannes, der bessere Tage gekannt hat. Seinem Goldenen Zeitalter war dennoch eine ruhmreiche Renaissance bestimmt. Nur durch die Erinnerung an diese große Vergangenheit vermochten die spanischen Intellektuellen die Demütigungen des neunzehnten Jahrhunderts zu kompensieren. Die ›Generation von 1898‹, der Kreis um Ortega, Unamuno, Azorín und Baroja, destillierte aus ihr die Essenz und schöpfte die Philosophie des Don Quijote bis zur Neige aus. Die jüngere ›Generation von 1927‹ um Lorca,

Guillén, Aleixandre, Cernuda und Alberti wandte sich Góngora und Quevedo zu. Im gesamten Denken Spaniens des neunzehnten und zwanzigsten Jahrhunderts stößt man auf diese Rolle des Goldenen Zeitalters.

Der Niedergang des Imperiums

Die zeitgenössische Eigenliebe ging noch weiter und leugnete den Niedergang: »No hay tal decadencia«, behauptete Azorín. Die Existenz des Phänomens ist jedoch unbestreitbar, heikler ist seine Interpretation. In der Vorstellung späterer Jahrhunderte wurde der Bevölkerungsrückgang oft dramatisiert; das Ergebnis ist ein unlösbares statistisches Rätsel. Doch stehen sowohl der Bevölkerungsverlust als auch der Ruin Kastiliens, seiner Industrie und seines Handwerks, seiner Viehzucht und seines von den Ausländern verhöhnten Handelsmonopols außer Zweifel. Der politische Abstieg nimmt klare Formen an und läßt sich datieren. Die Könige Philipp III., Philipp IV. und vor allem Karl II. waren armselige Gestalten und die Mehrzahl der Günstlinge mittelmäßige Intriganten, wenn auch Olivares in seinem Machthunger eine gewisse Größe besaß. Etikette, Korruption und Intrigen beeinträchtigten die Effektivität der Zentralmacht, und selbst die nationale Einheit hatte darunter zu leiden. Der Abfall Portugals im Jahre 1640 markiert ein kritisches Datum der spanischen Geschichte. Katalonien, das sich ebenfalls erhob, wurde zwar besiegt, unternahm jedoch zwischen 1700 und 1714 erneut Separationsversuche. Auch außerhalb der Iberischen Halbinsel schritt die unaufhaltsame Auflösung des Imperiums voran. Das Bündnis mit Österreich gegen Richelieu und Mazarin brachte nur Niederlagen. Die Verträge von 1648[59] bestätigten die Unabhängigkeit der Vereinigten Niederlande und den Verlust des Artois sowie einiger Stellungen in Flandern.[60] Im Pyrenäenfrieden (1659) wurden die Cerdagne[61] und die Grafschaft Roussillon vom spanischen Territorium abgeteilt. Die Franche-Comté und weitere Teile Westflanderns gingen im Kampf gegen Ludwig XIV. verloren.[62] Als dieser schließlich den Thron Spaniens für seinen Enkel[63] akzeptierte, waren die Folgen des Spanischen Erbfolgekrieges[64] erdrückend: Die katholischen Niederlande, Luxem-

Ausschnitt aus Diego Rodriguez de Velázquez' Gemälde *Las Meninas*, 1656. Links der Maler selbst.

burg, die italienischen Besitzungen, Menorca und Gibraltar gingen verloren, und England hatte auf dem Gebiet der Seefahrt endgültig die Oberhand gewonnen. Mit dem Frieden von Utrecht im Jahre 1713 war der Tiefpunkt des spanischen Niedergangs erreicht. Welch ein Sturz seit 1580!

Der Abstieg des Landes hat viele überrascht, Montesquieu verglich ihn gar mit dem Fall des Römischen Reiches. Aber da die spanische Vorherrschaft noch nicht weit zurücklag, schwang in den ausländischen Erklärungsversuchen häufig eine gewisse Abschätzigkeit mit. Analyse der Ursachen des Verfalls und *leyenda negra* wurden immer wieder in wenig objektiver Weise miteinander vermischt.

Der starke Bevölkerungsrückgang ist eine gesicherte, aber nur unzureichend erklärte Tatsache. War die Notlage des Landes das Resultat der Entvölkerung oder deren Ursache? Über die Auswanderung nach Übersee liegen genaue, aber nur partielle Angaben vor. Quantitativ fiel die Emigration nicht besonders ins Gewicht. Anders qualitativ: Zu 90% waren es aktiv am Berufsleben teilnehmende Männer, die das Land verließen. Das gleiche Problem stellt sich für die religiösen Dissidenten. Ob die Vertreibung der Morisken (1609)[65] den Ruin Spaniens bedeutete, kann nur beurteilt werden, wenn man sich ins Gedächtnis ruft, daß vorangegangene Volkszählungen die Morisken nicht berücksichtigt hatten und das eigentliche Problem qualitativer Natur ist. Ein weiterer wesentlicher Aspekt läßt sich ebensowenig in Zahlen ausdrücken: So tendierten ganze Schichten (die durch das Majorat mittellos gewordenen nachgeborenen Söhne) dazu, demographisch und ökonomisch unfruchtbare Lebenswege – »Kirche, Seefahrt, Staatsdienst« – einzuschlagen. Andere Faktoren sind noch schwieriger zu klassifizieren: umherziehende ›Studenten‹, Bettler und Dienstboten, deren pikareskes Leben weder die Produktion noch die Besiedlung begünstigte.

Die rein wirtschaftliche Entwicklung ist heute besser analysiert. Hamilton und Carande haben die alten Arbeiten von Häbler und Sötbeer über Spanien und den Einfluß der Edelmetalle vervollständigt. Im großen und ganzen handelte es sich wirklich um ein Inflationsphänomen, das zwar einen Moment lang die Wirtschaft anzukurbeln vermochte, dann aber die Produktion zugrunde richtete. Die Preissteigerung setzte in Spanien früh ein und wurde im übrigen nicht allein von den Edelmetallen verursacht. Doch wenn sie auch zunächst zur Bildung großer Vermögen in Spanien führte, strömte bald darauf das Ausland herbei, die Währung wurde geschwächt, Schmuggel begünstigt und eine wirtschaftlich lohnende Produktion unmöglich. Dieser grundlegende Konjunkturumschwung ist schlecht zu datieren. Jedenfalls hätte ihn das Land mit einer anderen Geografie und Mentalität besser verkraftet.

Es ist fraglich, inwieweit Kastilien darauf vorbereitet war, eine Führungsrolle in der frühneuzeitlichen Wirtschaft zu übernehmen. Die Männer, die aus wirtschaftlichen Gründen die Entdeckungsfahrten vorangetrieben hatten, waren Genueser, Flamen, Juden und Aragonesen aus dem Gefolge Ferdinands gewesen. Aber das Monopol der Krone machte die Conquista zu einer Sache der Hidalgos aus der Extremadura, der Schafzüchter der Mesta und der Verwaltungsbeamten Sevillas. Die Gewinne wurden nicht im kapitalistischen Sinne des Wortes investiert. Die vom Glück begünstigten Auswanderer träumten davon, Land zu kaufen, Schlösser und Burgen zu bauen und Schätze anzuhäufen; das Theater und der *Don Quijote* haben diese Einstellung festgehalten. Alle Städte arbeiten für Madrid, Madrid hingegen arbeitet für keine einzige – so hieß es in den Lobgesängen auf die Hauptstadt. Neuere Doktrinen erhoben die mangelnde Anpassung Spaniens an den Kapitalismus gar zu einer Tugend. Aber gerade dieser Mangel verdammte das Land zur Handlungsunfähigkeit.

Bleibt die Frage, ob der Niedergang nicht auch Ausdruck einer Gleichgewichtsverlagerung innerhalb Spaniens war. Vom fünfzehnten bis zum siebzehnten Jahrhundert hatten die Provinzen des Landesinnern nicht nur eine Führungsrolle gespielt, sie besaßen auch die zahlreichere Bevölkerung und höhere Produktionsraten, was ihnen eine demographisch wie wirtschaftlich dominierende Stellung gab. Diese Harmonie zwischen dem politischen Willen des Zentrums und seiner tatsächlichen Stärke ist ein außergewöhnliches Moment in der spanischen Geschichte. Aber die geographischen Nachteile und das Erbe der Vergangenheit führten nach dem glänzenden Triumph zu einem Abstieg, von dem das ganze Land in Mitleidenschaft gezogen wurde. Die Randregionen (vor allem die Ostküste) hatten weniger unter den allgemeinen Ursachen des Verfalls – Auswanderung, Teuerung, ›Hidalgismus‹ in der Gesellschaft und Ruin durch Bürokratie und Steuerlast – zu leiden. Tendenziell verlagerte sich seit dem Ende des sechzehnten Jahrhunderts die durch den Krieg mit England und den Niederlanden unterbrochene Geldzirkulation zwischen Kastilien und Flandern auf die Achse Barcelona-Genua. Im achtzehnten Jahrhundert erwies sich die spanische Peripherie als am besten für einen Neuanfang gerüstet. Ein neues Gleichgewicht etablierte sich, in dem von nun an – bis heute – Demographie und Wirtschaft das maritime Iberien begünstigen. Diese Dominanz mit dem fortdauernden Führungsanspruch Madrids in Einklang zu bringen, erwies sich im achtzehnten und neunzehnten Jahrhundert als bestimmendes Problem.

Geschichte der neueren Zeit (18.–19. Jahrhundert)

*Das achtzehnte Jahrhundert und
der aufgeklärte Despotismus*

Die neuere Geschichte des spanischen Volkes beginnt mit seinen ersten Bemühungen, sich wieder in die moderne Welt einzugliedern. Diese Anstrengungen kollidierten mit den sozialen Strukturen und den geistigen Gewohnheiten, die mit der Reconquista entstanden waren, sich mit der Gegenreformation verfestigt und mit dem Verfall versteinert hatten. Dieser Konflikt ist bis heute nicht beendet; die Krisen der jüngsten Vergangenheit stellen nur seine letzte Episode dar. Die erste und vielleicht fruchtbarste erlebte das Spanien der Aufklärung.

Der Wiederaufstieg im achtzehnten Jahrhundert:
Bevölkerung und Wirtschaft

Von 1700 bis 1800 erfuhr die spanische Bevölkerung einen beachtlichen Aufschwung, indem sie von sechs auf elf Millionen anwuchs. Die Faktoren des Niedergangs traten in den Hintergrund: Edelmetalle strömten nun über andere Wege nach Europa als über Spanien, die Außenpolitik beschränkte sich auf genau umrissene Ziele, und es gab praktisch keine religiösen Verfolgungen oder Vertreibungen mehr. Selbst das Gleichgewicht zwischen den Schichten verschob sich zugunsten der produktiven Bevölkerungsgruppen.

Hat sich die Landwirtschaft, der grundlegende Bestandteil der Volkswirtschaft, unter diesen Einflüssen gewandelt? Für das Katalonien des achtzehnten Jahrhunderts belegen Dokumente einen gewissen Wohlstand auf dem Lande. Die Verdrängung der Privilegien der Schafzucht in Kastilien durch den Ackerbau ist ein bedeutsames Zeichen der Veränderung. Überall wurde Land urbar gemacht, wurden Dörfer neu gegründet; die großen Staatsprojekte zur Verbesserung der Infrastruktur wurden wiederaufgenommen.

Noch mehr erstaunt die Entwicklung des Handels. In allen spanischen Häfen stieg der Warenumsatz. In der Umgebung des wiederauflebenden Barcelona rüsteten kleine Häfen Handelsflotten aus und gingen von der Küstenschiffahrt und dem Mittelmeerhandel zum Seehandel mit Amerika über. Der Überseehandel ist die große Errungenschaft des Jahrhunderts. Um das Recht darauf zu erlangen, taten die Kaufmannsinnungen der Häfen mehr, als der Einfluß wirtschaftlicher Lehrmeinungen auf die Minister jemals hätte bewirken können. Die 1728 gegründete *Real C^{ia} Guipuzcoana de Caracas* konzentrierte den Kakaohandel in ihren Händen. Es gab zwei aufeinanderfolgende Gesellschaften für den Handel mit den Philippinen und eine Kompagnie in Barcelona für die Antillen. Im Jahre 1778 wurde der Freihandel allgemein durchgesetzt. Cádiz, das das von Sevilla ererbte Monopol verloren hatte, bewahrte trotzdem seinen Wohlstand. Auch Amerika prosperierte unter der Aufsicht bedeutender Vizekönige: Amat, O'Higgins, die beiden Gálvez und Cevallos. Barcelonas Kaufleute machten verschiedene Vorschläge zu einem der Entwicklung der Industrie förderlichen Kolonialpakt, und ein bedeutender Minister, der Graf von Aranda, arbeitete den Plan einer Föderation aus, um dem lateinamerikanischen Unabhängigkeitsstreben zuvorzukommen. Die Idee einer politischen Weltmacht wich dem Gedanken an wirtschaftliche Ausbeutung.

Die Bildung von Kapital, die Zufuhr von Rohstoffen sowie das Bevölkerungswachstum ermöglichten im achtzehnten Jahrhundert endlich die Industrialisierung Spaniens. Übrigens war es die merkantilistische Tradition, die das Land in diese Richtung drängte, indem sie die Verringerung der Importe und die Volkserziehung propagierte (vor allem technisch-handwerkliche Ausbildung). Über die königlichen Manufakturen für Luxusprodukte hinaus entstanden dort, wo sich Kapital bildete, rasch andere Industriezweige. In Katalonien nahm die Baumwolle den Platz der Wolle ein, die technischen Neuerungen folgten denen Englands auf dem Fuße, und eine Handelsgesellschaft setzte es sich zum Ziel, die Möglichkeiten der amerikanischen Baumwollproduktion auszuschöpfen. Diese kleine industrielle Revolution überraschte, sähe man sie nicht in direktem Zusammenhang mit den beiden großen Phänomenen des Jahrhunderts: mit der demographischen Renaissance und der Neugestaltung des Kolonialpaktes. Für einen Augenblick sah es fast so aus, als würde Spanien auf einem der vorderen Plätze ins industrielle Zeitalter eintreten.

Der politische Wiederaufbau

Seit 1717 hatte Kardinal Giulio Alberoni Stärke demonstriert.[66] Die Politik der Familienpakte[67] erneuerte die spanische Machtposition in Italien.[68] 1739 wehrten spanische Seeleute erfolgreich einen Überraschungsangriff der englischen Flotte ab. Zwar hatte der Pakt mit Frankreich die Enttäuschungen des Friedens von Paris[69] mit sich gebracht, doch der amerikanische Unabhängigkeitskrieg kompensierte die Einbußen: England gab Menorca an Spanien zurück, welches zudem Florida erhielt und verschiedene koloniale Vorteile für sich verbuchen konnte.[70] Die Reform der Flotte, in die Wege geleitet von zwei fähigen Ministern, Patiño und La Ensenada, trug jetzt Früchte, und all diese Erfolge festigten auch die innere Einheit. Die Bourbonen waren traditionell überzeugte Zentralisten, und der katalanische Aufstand von 1700 lieferte nun den Vorwand, diese Tradition auch in Spanien durchzusetzen. Lokale Privilegien verschwanden. Der ›Regalismus‹[71] der Juristen, der insbesondere im Kastilienrat zum Ausdruck kam, ersetzte die alten Einrichtungen regionaler Autonomie durch Statthalterposten, Verwaltungen und Appellationsgerichtshöfe. Diese Politik war allerdings nur deshalb erfolgreich, weil es gelang, sich gleichzeitig mit den führenden Kreisen in den geschäftstüchtigen Provinzen auszusöhnen. Die Kaufmannschaft Barcelonas erlangte von Madrid durch kluges Lavieren den Schutz für den Kattunhandel, die Abschaffung der Produktionssteuern, die Wiedereinführung des See-Konsulats und das Recht auf Freihandel mit Amerika. Im Baskenland gründete die aufgeklärte Elite die erste ›Ökonomische Gesellschaft der Freunde des Landes‹ *(Sociedad Económica de Amigos del Pais)*, die in ganz Spanien Nachahmer fand. Die ›patriotische Schule‹ von Vergara pries Technik, Industrie und enzyklopädischen Geist. Die besten Staatsmänner des aufgeklärten Despotismus kamen aus der Provinz: gebildete Adlige wie der Aragoneser Aranda und der Asturier Jovellanos, Gelehrte *(letrados)* von bescheidener Herkunft wie Floridablanca oder Campomanes sowie in Italien, Barcelona oder Sevilla ausgebildete Verwaltungsfachleute wie Patiño oder La Ensenada.

Das Denken des spanischen achtzehnten Jahrhunderts

Und dennoch wird das achtzehnte Jahrhundert manchmal immer noch mit einem verächtlichen Seitenblick bedacht. Ein französisches Jahrhundert sei es gewesen, heißt es. Aber inwieweit ist dies zutreffend? Ein Finanzexperte, wie der in Bayonne geborene Francisco Cabarrús, der »in zwanzig Jahren die Irrtümer von zwanzig Jahrhunderten zunichte machen« wollte, blieb ebenso die Ausnahme wie ein Diego de Cádiz, der mit einer Heftigkeit, die an das fünfzehnte Jahrhundert erinnert, gegen die neuen Häresien wetterte. Aber es existierte eine gesellschaftliche Mehrheit aus *hidalgos*, niederem Klerus und Bauern, die den neuen Ideen verschlossen gegenüberstand, und nur eine Minderheit wagte es, sich vorsichtig, fast ängstlich dem Geist des Jahrhunderts zu öffnen. Diese aufgeklärte Schicht untergrub in keiner Weise das Ansehen des Königs; sie rührte indes an die materielle Macht des Klerus und erreichte die Ausweisung der Jesuiten. Auf die verbreitete Frömmelei reagierte sie mit spöttischer Verachtung, aber den Kern der Religion respektierte sie. So konnte es immer noch geschehen, daß die im Verfall begriffene Inquisition mit Billigung des Königs und seiner Minister Gesinnungsprozesse gegen hochgestellte Persönlichkeiten führte. Der geistige Wandel hatte seine Grenzen.

Spürbar war er dennoch. Die totalitäre Weltsicht hatte sich aufgelöst, und das Denken stieg vom Himmel zurück auf die Erde. Schon sehr früh in diesem Jahrhundert unternahm es der Benediktinerpater Hieronymus Feijóo, irrige Glaubensanschauungen zu revidieren. Die großen Werke des Jahrhunderts behandelten die soziale Ökonomie und den Rationalismus des Naturrechts, indem sie sich gleichzeitig von der althergebrachten theologischen Politik distanzierten. In diesem Sinn ist das spanische Denken des Jahrhunderts ein eigenständiges Denken. Campomanes, der wegen seiner Angriffe auf die *mesta* als ein Begründer des Liberalismus gilt, gab die Denkschriften der *arbitristas* neu heraus und entlehnte seine Vorstellungen über Industrie und Bildungswesen dem Merkantilismus. Der Historiker Capmany, ein guter Kenner der neuen Wirtschaftstheorien, verteidigte hingegen die Zünfte. Der sich gegen die *mesta* und gegen die Güter der Toten Hand durchsetzende Agrarindividualismus kollidierte nicht allein mit den Gewohnheiten der Bauern, sondern auch mit Ideen von Neuerern wie Aranda und Floridablanca. So verliehen Achtung vor Tradition und Erfahrung sowie historischer Geist dem spanischen achtzehnten Jahrhundert Ausgewogenheit und Sinn für das rechte Maß; doch sie entzogen ihm auch jene Kraft und Selbstsicherheit, die es in Frankreich zum revolutionären Jahrhundert schlechthin machten.

Grenzen des Wandels im achtzehnten Jahrhundert

Zwischen 1787 und 1789 stieg die Zahl der Fabrikanten und Kaufleute zu Lasten der nichtproduzierenden Klassen um 250 000. Diese Tendenz wurde von der Gesetzgebung unterstützt, die Binnenzölle, Abgaben auf die Produktion und Einfuhr von Maschinen sowie übertriebene Reglementierung einzudämmen versuchte; den Zünften wurde per Gesetz untersagt, weiterhin den Nachweis der *limpieza de sangre* zu fordern, und in der Landwirtschaft wurde die Einfriedung des Gemeindelandes, die Veräußerung der königlichen Ländereien und der Verkauf von Kirchengütern vom Gesetzgeber gefördert. 1805 machte diese *desamortización*[72] 6400000 Reales der Kircheneinkünfte aus; zehn Jahre zuvor hatte man den Adelsfamilien vorgeschlagen, gegen Renten auf ihre Majorate zu verzichten. Aber diese Maßnahmen scheiterten angesichts des Ausmaßes der zu verwirklichenden Reformen. 1787 zählte man in Spanien noch 17 Städte, 2358 Kleinstädte und 8818 Dörfer, die unter herrschaftlicher Gerichtsbarkeit standen, sowie 3 Städte, 402 Kleinstädte und 1280 Dörfer, die dem kirchlichen Patronat religiöser Orden unterworfen waren. Die riesigen adligen Vermögen bildeten einen krassen Gegensatz zum Elend der Bauern. 947000 Tagelöhnern standen lediglich 907000 Landbesitzer und Pächter gegenüber. Im Kern stehen wir hier bereits vor der modernen Agrarproblematik. Die Armut erklärt die enge Bindung des ländlichen Spanien an Traditionen der dörflichen Gemeinschaft und an Wohlfahrtseinrichtungen. Man zählte 150000 Bettler. Noch waren längst nicht alle Spuren des Verfalls verschwunden. Zwar hatte Karl III. glücklicherweise Vetternwirtschaft, Korruption und Etikette eingeschränkt, aber die herrschenden Kreise in den Provinzen und Kolonien, der niedere Klerus und der Landadel hielten weiterhin an überkommenen Sitten und alten Vorrechten fest. Zudem war der Großteil der spanischen Bevölkerung empfänglicher für Appelle zum fanatischen Widerstand gegen jede Neuerung als für die – wenn auch etwas pedantischen – Lektionen der aufgeklärten Autoren.

So konnte eine zufällig ausbrechende Krise die Anstrengungen des gesamten Jahrhunderts zunichte machen. Sie wurde, noch bevor Napoleon die Bühne betrat, durch die Mittelmäßigkeit Karls IV. vorbereitet. Um 1790 schwankte Spanien zwischen Erneuerung und Rückfall. Es ist einmal mehr ein großes Genie, das diesen bewegenden Augenblick festhält. Der Aragonese Goya macht in seinen Tapisserien, seinen *Juegos* (Spielen) und *Fiestas* die Lebenskraft und Freude seines Jahrhunderts sichtbar, die volkstümlichen Schönheiten der *majas* und der *manolas*, der *tonadillas* (Volkslieder) von Ramón de la Cruz und des Stierkampfes, der zum ersten Mal als eine Kunst betrachtet wurde. Goya ist der Maler der Satiren gegen die Inquisition, der Porträtist Moratíns, der *afrancesados* (Franzosenfreunde) und der revolutionären Botschafter Frankreichs – kurz: ein Mann der geistigen Kühnheiten. Doch malt er auch als gleichsam mystische Reminiszenz die *Comunión de San José de Celasanz* und das diabolische Gewimmel der düsteren *Caprichos*, das wie ein Rückblick auf das Mittelalter anmutet. Als Maler von Bettlern und Spelunken ist er, wie Velázquez, Zeuge des Elends am Grunde der Gesellschaft; andererseits offenbaren die Gesichter der *Familie Karls IV.*, auf denen sich wieder der Verfall einer ganzen Dynastie spiegelt, auch die Misere des Herrscherhauses.

Seine schlechten Ratgeber berichteten Napoleon nur von diesen Anzeichen der Verkommenheit. So konnte er weder die alte instinktive Kraft des spanischen Volkes noch die gerade erst erfolgte Wiederherstellung der wirtschaftlichen und intellektuellen Werte ermessen.

Der Unabhängigkeitskrieg

Karl IV. war ein mittelmäßiger König gewesen. Sein Günstling Manuel de Godoy, ein hübscher Kadett aus der Extremadura, der 1792, mit fünfundzwanzig Jahren, durch die Gunst der Königin Marie-Luise von Bourbon-Parma zum allmächtigen Minister geworden war, erwies sich vor allem als verheerender Außenpolitiker. Den Konflikt mit der Französischen Revolution wußte er weder zu vermeiden noch mit Herz und Überzeugung auszutragen. Im Baseler Frieden (22.7.1795) verlor Spanien Santo Domingo, die heutige Dominikanische Republik. Das darauf folgende Bündnis mit Frankreich zeitigte ebenso schlechte Resultate.[73] Es kostete Spanien Trinidad und Louisiana und führte schließlich 1805 zur vernichtenden Niederlage in der Seeschlacht von Trafalgar, wodurch die Kolonien sich selbst überlassen wurden und sich der Verband der spanischen Welt auflöste – ein für die Zukunft entscheidendes Datum.

Godoys Versuch einer Kehrtwendung wurde durch Napoleons Sieg in der Schlacht von Jena und Auerstedt (Oktober 1806) verhindert. So handelte er die Aufteilung Portugals aus,

Karl IV. und seine Familie, Francisco de Goya, 1800/1

Ferdinand VII., Francisco de Goya. Kupferstich

die ihn zum Erbprinzen gemacht hätte.[74] Doch die Franzosen besetzten nicht nur Lissabon, sondern auch Katalonien und Navarra: Die spanische Unabhängigkeit war in Gefahr, und der Widerstand gegen Godoys Politik wuchs. Ein Hofkomplott versuchte, an Stelle des Königs dessen Sohn Ferdinand einzusetzen; als die Verschwörung aufgedeckt wurde, denunzierte der Feigling Ferdinand seine Freunde. Trotzdem glaubte die öffentliche Meinung in ihm einen Märtyrer zu sehen. Am 17. März 1808, als General Murat auf Madrid marschierte und Godoy und Karl IV. bereits an Flucht dachten, wurden beide in Aranjuez durch einen Aufruhr gestürzt und Ferdinand zum König ernannt. Murat erkannte die Proklamation jedoch nicht an. Mit Versprechungen und Drohungen zwang er beide Souveräne zur Reise nach Bayonne, um dort ihren Streit vor dem Kaiser auszutragen. Doch als die letzten Mitglieder der königlichen Familie Spanien verließen[75], warf sich das Volk von Madrid, das plötzlich den Sinn dieser Abreisen erfaßte, heroisch den Mamelucken Murats entgegen: Es war der *dos de mayo*, der 2. Mai 1808, und der Unabhängigkeitskrieg hatte begonnen.

Der Aufstand

Es interessiert hier vor allem der Stil des Aufstands, da er Bilder aus der jüngsten Vergangenheit heraufbeschwört. Die Revolte war der erste jener Stürme kollektiver Leidenschaft, die im neunzehnten und zwanzigsten Jahrhundert mehrfach das spanische Volk erschütterten und immer wieder von Perioden der Niedergeschlagenheit und Gleichgültigkeit unterbrochen wurden, so daß sie für die Regierungen stets überraschend kamen. Zwischen dem 20. und 30. Mai 1808 verweigerten Asturien, Aragón und Galicien den Staatsorganen, die mit der französischen Armee kollaborierten, den Gehorsam. Bereits in den ersten Junitagen – man hatte gerade erst erfahren, daß Joseph Bonaparte zum spanischen König bestimmt worden war – stießen die Franzosen am Guadalquivir auf starken Widerstand und wurden bei Bruch in Katalonien erstmals geschlagen. Die Aufstandsbewegung erfaßte – und das ist bezeichnend – alle Provinzen. Außerdem war sie in allen Schichten spürbar, wenn auch mit unter-

Aufstand vom 2. Mai 1808, Francisco de Goya, 1814

schiedlicher Intensität. »Die ehrbaren Leute sind mir nicht treuer als der Pöbel«, sagte Joseph Bonaparte später. So hatte Spanien seinen Zusammenhalt, seine Bedeutung als Volk bekräftigt.

Die Bewegung richtete sich jedoch nicht allein gegen die Eindringlinge. Sie war ebenfalls die Fortführung des Aufstands von Aranjuez sowie der Ausdruck einer inneren Unzufriedenheit und der Hoffnung, die man auf den exilierten Ferdinand, den legendären Prinzen, setzte. Nur verbanden nicht alle Spanier dieselben Vorstellungen mit diesem Groll und diesen Hoffnungen. Für die einen war es das Werk des achtzehnten Jahrhunderts, das wiederaufgenommen werden mußte, war es Frankreich, dem man gleichzeitig nacheifern und widerstehen mußte. Andere sahen in dem von Ferdinand repräsentierten patriarchalischen Absolutismus die Garantie für Tradition, die *fueros*, den mittelalterlichen ökonomischen Antiindividualismus und die Einheit von Religion und Politik. So hatten sich die bereits bestehenden Gegensatzpaare ›liberales‹ Spanien – ›karlistisches‹ Spanien, ›rotes Spanien‹ – ›schwarzes Spanien‹ gemeinsam gegen den Feind

Der 3. Mai 1808. Erschießung der Aufständischen, Francisco de Goya, 1814

verbündet, obwohl sie doch eigentlich in tiefgreifendem Widerspruch zueinander standen.

Der durchschnittliche Widerstandskämpfer stritt vor allem gegen den ›atheistischen‹ Franzosen. Einmal mehr triumphierte die religiöse Agitation. Der Guerillero behängte sich mit Heiligenbildchen, und die Jungfrau von Pilar[76] »wollte nicht französich sein«. Dennoch war dieser religiös-nationale Geist kein passiver Konformismus. Mit sichtlichem Vergnügen hatten die Aufständischen der ersten Tage die Staatsvertreter niedergemetzelt; der Aufmarsch der Sieger, die in der Schlacht von Bailén die Franzosen besiegt hatten, wirkte auf die bessere Gesellschaft Madrids alles andere als beruhigend, denn die Menge beschuldigte sie der Passivität. Die Kampfbereitschaft des Volkes, die jetzt noch im Dienste von Religion und Tradition stand, konnte sich eines Tages durchaus auch gegen diese wenden.

Paradoxerweise fiel die Führung der Massen einer außerordentlich kleinen aufgeklärten Minderheit zu, da es nicht genügend fähige Politiker gab. Man suchte deshalb nach Vertretern

Die Frauenmiliz von St. Barbara bei der Belagerung von Girona im Jahre 1809. Museo d'Art Modern

des aufgeklärten Despotismus. Der Greis Floridablanca und der gewissenhafte Jovellanos übernahmen den Vorsitz der *Junta Central* des Widerstands, die unter großen Mühen aus den *Juntas de defensa* der Provinzen hervorgegangen war. Daraufhin wurden die *Cortes* in Cádiz einberufen. Diese allerdings blieben zunächst eine eher künstliche Vertretung: Es gab keine ordentlichen Wahlen, und im belagerten Cádiz erließen Rechtsanwälte, Intellektuelle, Kaufleute und »Amerikaner« – in der Mehrheit Liberale – Gesetze im Namen Spaniens, aber ohne jeden Kontakt mit den Guerillas. Karl Marx hat einmal bemerkt, daß die Guerillas Taten ohne Ideen produzierten, die *Cortes* hingegen Ideen ohne Taten. Die Trennung zwischen kampfbereitem Volk und Politikern blieb ein charakteristischer Zug des neunzehnten Jahrhunderts. Für den Historiker Menéndez Pelayo blieb die Rückkehr Spaniens zu seiner ›Rückgratlosigkeit‹, seinem ›instinktiven Föderalismus‹ ein weiteres Merkmal des Krieges: Der Bürgermeister des Dorfes Móstoles erklärte Napoleon direkt den Krieg; die Junta von Asturien verhandelte als Vertragspartei mit England, und die Bildung der *Junta Central* war Anlaß für die merkwürdigsten Föderationsvorschläge. Tatsächlich zersplitterte die Staatsmacht, und dies störte Napoleon. Doch Wellington, der Organisator eines geduldigen Materialkrieges, hielt von der Wirksamkeit der spanischen Methode nicht viel.

Die Grausamkeit der Kriegsführung Spaniens, welches den Kampf als eigene Angelegenheit begriff und ihn aus dem Hinterhalt führte, war durch die französischen Übergriffe durchaus gerechtfertigt. Zwar hatte das Land den mittelalterlichen Sinn für das spektakulär Makabre, die Neigung zur kollektiven Wahnvorstellung bewahrt, doch es verfügte auch über großartige Persönlichkeiten wie Jovellanos. Und welche Größe offenbart sich in den *Cortes*, die in Cádiz auf der letzten freien Quadratmeile des spanischen Territoriums Gesetze für die Zukunft beschlossen! Und wieviel Begeisterung, wieviel Geist klingt in den Epigrammen und Liedern! Jetzt endlich zog Spanien die Aufmerksamkeit des restlichen Europa auf sich, der Romantik, Stendhals. Und der erstaunliche Triumph dieses historischen Augenblicks verdrängte für einen Moment den Minderwertigkeitskomplex aus der Zeit des Verfalls. Einen tiefergreifenden Wandel erlebte Spanien allerdings nicht.

Das Scheitern der Aufbauversuche

Nachdem sich die Volksbewegung einmal in Gang gesetzt hatte, konnte man die überzeugten *Afrancesados* an einer Hand abzählen. Napoleon und Joseph Bonaparte waren darüber enttäuscht, denn sie hatten sich mehr Parteigänger erhofft. Tatsächlich rechtfertigten die vertraulichen Äußerungen Napoleons das spanische Mißtrauen, denn die Reformen kaschierten nur seine Eroberungslust. Der Kaiser blockierte die guten Absichten seines Bruders, die Generäle vereitelten die der Verwaltungsbeamten durch einen wahren Plünderungszug. Die Erneuerung *durch* Napoleon konnte nicht gelingen, man konnte jedoch eine Erneuerung *gegen* ihn versuchen. Mehrere Texte der aufständischen Juntas bringen diesen Gedanken zum Ausdruck. Und genau dies war die Absicht der *Cortes* von Cádiz. Dort wurden zwischen 1810 und 1812 die *Serviles*, Anhänger des alten Spanien, von der liberalen Mehrheit in die Defensive gezwungen.

Wie im achtzehnten Jahrhundert zögerte der spanische Liberalismus nicht, sich auf die Tradition zu berufen und respektierte die Treue zur Religion. Aber er wandte sich gegen die materielle Macht der Kirche, schaffte die Inquisition ab und drängte auf Veräußerung der Kirchengüter. Auf politischem Gebiet übertrug seine Verfassung die französischen Prinzipien auf Spanien: nationale Souveränität, Gewaltenteilung, Grundrechte; eine Kammer, die für zwei Jahre in indirekter Wahl gewählt wurde und den Staatshaushalt zu beschließen hatte; eine konstitutionelle Monarchie mit Vetorecht des Königs; eine einheitliche Verwaltungsorganisation in den Städten und Provinzen. Vor allem aber wurde am 6. August 1811 die herrschaftliche Gerichtsbarkeit samt ihren »exklusiven, privativen und prohibitiven« Privilegien abgeschafft.

Dies war der Abschluß der Entwicklung des Jahrhunderts. Mit der juristischen Fixierung einer neuen Gesellschaftsstruktur schien die Krise beendet zu sein, doch die Trennung von *Cortes* und Nation hatte auch ihre Konsequenzen. Das konstitutionelle Werk wurde nicht zur Kenntnis genommen. In erster Linie hatten die französische Niederlage und die Rückkehr des Königs die Menge beeindruckt, und nicht die Versammlung der ordentlichen *Cortes*. Es wurde wieder intrigiert. Im Mai 1813 widerrief Ferdinand die Errungenschaften von Cádiz, und die nachfolgenden Repressalien trafen *Afrancesados* und liberale Patrioten gleichermaßen. Nicht nur die Arbeit einiger Jahre, sondern des ganzen Jahrhunderts war damit umsonst. Die Masse des ›schwarzen Spanien‹ triumphierte über die aufgeklärte Minderheit. Der Krieg hatte das wirtschaftliche Fundament angegriffen und die Reaktion die Grundlage des juristischen Systems zerstört, das Spanien den Anschluß an das kapitalistische und liberale Jahrhundert ermöglicht hätte. So hatte der spanische Anachronismus innerhalb Westeuropas weiterhin Bestand.

Die tastenden Versuche des neunzehnten Jahrhunderts

Die spanische Geschichte des neunzehnten Jahrhunderts ist nichts anderes als eine ununterbrochene Folge von Intrigen, Komödien und Dramen, die je nach Erzählweise lebendig oder langweilig wirkt. Im Folgenden sollen die Ereignisse kurz zusammengefaßt, danach einige Besonderheiten hervorgehoben werden.

Politische Chronik (1814-1917)

Die Regierungszeit Ferdinands VII. war vor allem durch Brutalität und Mittelmäßigkeit der Staatsgewalt gekennzeichnet. Das Scheitern des Erneuerungsversuchs von 1812 und der Zusammenbruch des Reiches wurden endgültig besiegelt.

Von 1814 bis 1820 regierte eine allseits verachtete camarilla[77], gegen die sich Generäle und Guerilleros verschworen hatten.

1820 kam es zu einem berühmten Zwischenfall: Im noch immer unruhigen Cádiz kam es innerhalb eines kolonialen Expeditionskorps zu einer erfolgreichen Verschwörung. Generaloberst Riego zog durch Andalusien und rief die Verfassung von 1812 aus. Als seine Kräfte schwanden, kam es in Galicien zu einer weiteren Revolte. Der verängstigte König stimmte der Verfassung zu. Die bürgerlichen Klassen nahmen die Rückkehr der ›Männer von 1812‹ mit Wohlwollen auf. 1822 erhoben sich in der katalonischen Stadt Urgell die Parteigänger der absolutistischen Regentschaft, die von den *Apostólicos*, den Ultraroyalisten, gestützt wurde und zu keinem Einlenken bereit war. In Verona forderte Chateaubriand die Intervention: Ein französisches Heer, die »hunderttausend Söhne Ludwigs des Heiligen«, marschierte in Spanien ein, und Ferdinand erhielt 1823 all seine Machtbefugnisse zurück. Die liberale Gesetzgebung wurde wieder abgeschafft.

Der Zeitraum von 1823 bis 1833 wird von der liberalen Geschichtsschreibung ›das schändliche Jahrzehnt‹ genannt. Riego und seine Freunde wurden hingerichtet. 1825 starb der populärste der *Guerilleros*, El Empecinado, vor einem Erschießungskommando, die beiden Bazáns folgten ihm 1826, 1831 Torrijos und Mariana Pineda, die man für schuldig befunden hatte, eine

Hinrichtung des Generals Torrijos und einiger Liberaler im Jahre 1831. Gemälde von Antoine Gisbert, 1865

Fahne bestickt zu haben. Die fanatischen *Apostólicos* waren damit immer noch nicht zufrieden und bildeten Banden; ihre Hoffnung war die Thronbesteigung durch Don Carlos, den Bruder des Königs. Doch 1830 gebar Ferdinands dritte Frau Maria-Christina von Sizilien ein Mädchen, gegen das die Anhänger von Don Carlos das ›salische Gesetz‹[78] bourbonischer Tradition geltend machten. Um seine Tochter nicht um den Thron zu bringen, mußte Ferdinand den Liberalen etwas entgegenkommen. Der Würgegriff der Macht wurde gelockert, Finanzen und Wirtschaft erholten sich. Doch seit 1824 und der Niederlage von Ayacucho gegen die Truppen der nach Unabhängigkeit strebenden Kolonien war jede Hoffnung, das amerikanische Kolonialreich zu halten, verloren.[79]

Die Ära der Militärrevolten (pronunciamientos), 1833–1875: Von 1833 bis 1840 regierte Maria-Christina im Namen ihrer Tochter Isabella II., doch Don Carlos war von seinen Anhängern zum König ausgerufen worden. Der erste Karlistenkrieg sollte sieben Jahre andauern. Er spielte sich vor allem in Nordspanien und in den Bergen Navarras, Kataloniens und Valencias ab, während Madrid nur einmal, 1838, bedroht wurde. Die Regentin indes hatte andere Sorgen. Sie war angewiesen auf die Hilfe der *Moderados*, der Gemäßigten, wodurch die Opposition wieder

Aufwind bekam. 1835 löste eine Epidemie in Madrid einen Volksaufruhr gegen die Klöster aus.[80] Martínez de la Rosa mußte die Macht an Toreno, dann an den Bankier Mendizábal abtreten, mit dem für einen Moment der Antiklerikalismus triumphierte. 1836 zwangen Unteroffiziere der Regentin in La Granja die Verfassung von Cádiz auf, 1837 gelang es ihr, sie durch ein gemäßigtes ›Statut‹ zu ersetzen. Als 1839 der ›Kompromiß von Vergara‹ zwischen Espartero und dem Karlisten Maroto den Krieg zu beenden schien, glaubte Maria-Christina ihre Macht gesichert, doch der Führer der *Progresistas* General Espartero ›erklärte sich‹ (*se pronuncia*) gegen sie. Sie ging ins Exil, und der General[81] wurde zum neuen Regenten ernannt.

1840–1843. Die Popularität Esparteros war jedoch nur von kurzer Dauer. Er regierte mit einer Kamarilla, ließ aufständische Generäle erschießen und nach einer Revolte Barcelona bombardieren. Von nun an nannte man ihn nur noch *El Ayacucho*, eine Anspielung auf seine wenig ruhmreiche Rolle in den Kolonien. 1843 empörten sich die Städte, und die gemäßigten Generäle Narváez und Concha kehrten aus dem Exil zurück. Nachdem er zuvor noch Sevilla hatte bombardieren lassen, floh Espartero nach London.

1843–1854. Als Isabella im Alter von dreizehn Jahren von den *Cortes* für volljährig erklärt wurde, setzten die *Moderados* sie im Kampf gegen die Progressisten ein. Gonzáles Bravo und nach ihm Narváez schmiedeten die Werkzeuge der Macht: 1843 entstand die *Guardia civil*, 1845 eine für die Exekutive sehr vorteilhafte Verfassung.[82] 1847 traten die karlistischen *Guerillas* wieder in Erscheinung, und in einer blutigen Operation erstickte Narváez 1848 die Revolution im Keim.

Die Heirat der Königin hatte ein internationales Problem aufgeworfen. Man löste es, indem man Isabella einen unbedeutenden Mann zum Gatten gab.[83] Doch schon bald waren die Intrigen am Hofe in aller Munde. Weitere Skandale wie das auf unklaren Wegen entstandene Vermögen des Bankiers Salamanca oder die Korruptionsaffaire um den Minister Sartorius folgten. Nachdem sich Narváez 1851 angesichts der moralisch zweifelhaften Regierungsmitglieder zurückgezogen hatte, vollzog sich die Reaktion in Form eines Putsches von Progressisten und Gemäßigten, Generälen und Politikern. Diese nach der Schlacht von Vicálvaro sogenannte *vicalvarada* von 1854 stellte einen neuen General ins Rampenlicht, Leopoldo O'Donnell, und ließ Espartero wieder aus der Versenkung auftauchen.

1854-1868. Dieses Duumvirat hielt jedoch nicht lange. Beiden gelang es nicht, der Volksunruhen in Andalusien Herr zu werden, und nacheinander wurden sie von der Königin entlassen. Von 1856 bis 1868 wechselten dann Narváez mit seinen *Moderados* und O'Donnell mit seinen Liberalen einander ab. Es kam zur Bildung demokratischer Parteien, wie der Republikaner unter Emilio Castelar und Nicolás Salmerón y Alonso oder der Föderalisten unter Francisco Pí y Margall. Außenpolitische Zwischenfälle (Marokko, Chile, Mexiko[84]) riefen noch mehr Generäle auf die Bühne: Francisco Serrano und Juan Prim, der es schaffte, innerhalb von vier Jahren sieben Militärrevolten vom Zaun zu brechen. O'Donnell starb 1867, Narváez 1868; die Königin galt wegen ihres Privatlebens allgemein als untragbar[85]; Gonzáles Bravo war allgemein verhaßt. Im September 1868 schließlich verkündeten die Kriegsflotte[86], die Garnisonen und die örtlichen Juntas die Grundrechte sowie das allgemeine Wahlrecht. Der zum Führer ernannte Serrano schlug die Truppen der Königin, die daraufhin nach Frankreich emigrierte.

1868-1875. Serrano und Prim, die provisorisch Regierenden, beriefen die *Cortes* ein, die eine äußerst demokratische, aber an der Monarchie festhaltende Verfassung beschlossen. Doch es war schwierig, einen König zu finden. Am 30. Dezember 1870, dem Tag der Ankunft von Amadeo d'Aosta, dem Sohn des italienischen Königs Viktor-Emmanuel II., der den Thron akzeptiert hatte, wurde Prim ermordet. Allein gelassen, war der König die Machtkämpfe zwischen dem Liberalen Sagasta und dem Republikaner Ruiz Zorrilla, die wiederaufflackernden Karlistenkriege und die soziale Agitation der Internationalisten schnell leid. Er dankte ab, und im Februar 1873 wurde die Republik ausgerufen – eine Republik mit föderativer Tendenz, zu deren Präsident man den Katalanen Pí y Margall wählte. Aber der anarchistische Einfluß verwandelte den Föderalismus in Kantonsgeist; ›Kommunen‹ verkündeten ihre Unabhängigkeit. Pí trat lieber zurück als mit Gewalt vorzugehen, und auch Salmerón wollte ebenso-

Das *pronunciamiento* vom 3. Januar 1874: gewaltsame Auflösung der Cortes. Kupferstich

wenig die Todesstrafe einsetzen.[87] Mit Castelar, der an seine Stelle trat, kam die unitarische und autoritäre Republik an die Macht, wenn auch zu spät. Am 3. Januar 1874 ließ der General Martínez Pavía die *Cortes* gewaltsam auflösen. Eine provisorische Diktatur bereitete die Restauration zugunsten von Isabellas Sohn Alfons XII. vor, der aus England kam mit einem erfahrenen Präzeptor an seiner Seite, dem Liberalkonservativen Antonio Cánovas del Castillo.

Die Restauration (1875–1917): Die gesamte Periode war geprägt durch den im *Pacto del Prado* vereinbarten turnusmäßigen Machtwechsel der beiden großen Parteien, der konservativen und der liberalen, die von zwei Oppositionsgruppen eher theoretischer Natur umgeben waren: Karlisten und Republikanern.

Nach Beendigung des zweiten Karlistenkrieges[88] sicherte zwischen 1875 und 1885 eine geschickt ausgearbeitete Verfassung auf lokaler Ebene die Macht der Kaziken (örtliche Honoratioren) und auf nationaler Ebene den Turnus der beiden Parteien. Der herausragende Mann dieser Zeit war Cánovas. Nach dem frühen Tod des Königs im Jahre 1885 übernahm die Königin, die einen Sohn erwartete[89], die Regentschaft.

Die *Guardia civil*

Für die Zeit von 1885 bis 1902 hatten die Parteien einen Waffenstillstand, den *Pacto del Prado*, vereinbart. Beherrschende Persönlichkeit dieser Epoche war Sagasta. Die Regentin Maria-Christina genoß allgemeines Ansehen, aber es kam dennoch zum Desaster. Die Unterdrückung der Autonomiebestrebungen auf Cuba und der Revolte auf den Philippinen mißlang, und die Intervention der Vereinigten Staaten führte Spanien seine tatsächliche Schwäche vor Augen.[90] Das Ende des Weltreiches im Jahre 1898 führte zum Widerstand bei den Intellektuellen sowie in den wirtschaftlich führenden Provinzen (Katalonien und Baskenland).

Von 1902 bis 1917, unter Alfons XIII., verschärften sich diese Spannungen. Der Konservative Antonio Maura hatte zwar als Regierungschef Format, war jedoch allgemein verhaßt, der Liberale Moret begnügte sich mit Intrigen. Die schwerwiegendsten Probleme waren der Anarchismus der Arbeiterschaft sowie der intellektuelle und bürgerliche Regionalismus in Katalonien. Bei den Wahlen von 1906 trat erstmals die *Solidaridad Catalana* auf; eine Truppenaushebung[91] für Marokko führte 1909 in Bar-

Antonio Maura

celona zum Ausbruch der ›Tragischen Woche‹[92], die mit der Hinrichtung von Francisco Ferrer[93] endete, der für die Unruhen ideologisch verantwortlich gemacht wurde. Damit hatte sich Maura den Zorn fast aller politischer Strömungen zugezogen und mußte abdanken; der Liberale Canalejas kam an die Macht. Von 1910 bis 1912 versuchte er energisch, das Kolonialproblem in Marokko zu lösen, die Macht der Geistlichkeit zu begrenzen und in Katalonien die *Mancomunitat*, ein Organ partieller Autonomie, einzuführen. 1912 fiel er jedoch einem anarchistischen Attentat zum Opfer. Nun wechselten sich Romanones und García Prieto mit Dato, einem Rivalen Mauras, ab. Dann brach der Erste Weltkrieg aus, und von nun an standen sich die Anhänger der Deutschen und die Sympathisanten der Alliierten (Rechte und Linke, Autoritäre und Liberale) gegenüber. Zwar konnte die Neutralität gewahrt werden, die Teuerung und der stärkere Einfluß der Industriearbeiterschaft führten jedoch schließlich 1917 zu einer ernsten Krise, die den Ausgangspunkt der Wirren des zwanzigsten Jahrhunderts bildete.

Das politische Leben im neunzehnten Jahrhundert

In seinem Wesen schwankend und flatterhaft, blieb das politische Leben Spaniens im neunzehnten Jahrhundert an der Oberfläche der Gesellschaft. Im zwanzigsten Jahrhundert stand Ernsteres auf dem Spiel, waren die Massen engagierter. Aber die angenommenen Gewohnheiten sollten auch hier eine Rolle spielen.

Die Herrscher: Sie hatten die Führungsrolle, die Spanien ihnen 1813 geboten hatte, nicht wahrgenommen. Ferdinand VII. blieb der armselige Intrigant von 1808, das Werkzeug schlechter Ratgeber, der Furcht nachgebend und grausam aus Rachsucht. Maria-Christina besaß ganz andere Fähigkeiten, doch von ihrer politischen Position her eine Liberale, mußte sie gegenüber ihren Unterstützern taktieren und war durch ihre Heirat mit dem Leibgardisten Muñoz (sieben Kinder mußten mit Titeln und Mitgiften versorgt werden) bevorzugte Zielscheibe der karlistischen Verleumdungen und ein beliebtes Thema von Epigrammen. Isabella war schlimmer: Ihre Doppelzüngigkeit war berüchtigt, sie entließ und ernannte in einem fort Regierungen und bot den Karlisten und den Republikanern durch ihre Affären Gelegenheiten zu Spott und Empörung. Zwar lernte man nach einer enttäuschend verlaufenen Revolution, die Vernunft Alfons XII. und die Würde der zweiten Regentin zu schätzen, aber das reichte bei weitem nicht aus, um die Monarchie z.B. von der Schuld am kolonialen Desaster freizusprechen.

So hatte, während die Monarchisten sich auf die karlistische Lösung festlegten, das umstrittene Herrschergeschlecht nicht jenen Respekt der Massen erworben, der eines der Fundamente einer Monarchie ist.

Verfassungen und Parlamentarismus: Allerdings konnte sich die demokratische Tradition ebensowenig behaupten. Die Verfassungstexte, die begeistert aufgenommen wurden (1812 und 1869), fanden nur kurze Zeit Verwendung, die anderen (1834, 1837, 1845, 1856) waren von oben diktierte Kompromisse. Die Verfassung von 1876 war von längerer Dauer. Sie ermöglichte die allgemeinen Wahlen von 1890 und regelte bis 1923 die parlamentarische Arbeit. Doch vermochte dieser Parlamentarismus die schweren Krisen nicht zu meistern, da er das Land nicht wirklich repräsentierte.

Nicht daß der Parlamentarismus dem spanischen Geist zuwider gewesen wäre. Die spanische Elite hat sogar seit jeher ein gewisses Faible für juristisches Denken und konstitutionelle Feinheiten. Rhetorische Begabung – vom blumigen Stil eines Martínez de la Rosa bis zur feurigen Rede Castelars – flößte ihr mehr Bewunderung ein als die Fähigkeit zu regieren. Nicht minder begeisterte sich das breitere Publikum für die Worte der parlamentarischen Stars und genoß ihre Dispute wie ein berauschendes Schauspiel.

Das neunzehnte Jahrhundert bot mehr Komödien als Tragödien: Verschwörungen, Intrigen und gelegentlich Korruption. Diese betraf nur selten die großen Politiker, ihr Umfeld hingegen war keineswegs frei davon: In den Rathäusern der großen Städte kam es laufend zu Skandalen. Unter der Restauration hatte der *turno politico* schließlich zum ständigen Wechsel des Personals in der administrativen Sinekure geführt. So wurde das öffentliche Amt nach und nach zur Pfründe und konnte nicht mehr als Beruf im eigentlichen Sinn bezeichnet werden. Im Volk verglich man die Politik mit einem Kotelett, bei dem jede Seite einmal zum Feuer gewendet wird. Die Humoristen haben den sozialen Typus des *cesante* beschrieben, des Beamten im einstweiligen Ruhestand, der auf die Wiederkehr seiner Partei wartet und sich die Zeit damit vertreibt, durch Madrid zu schlendern. In der Provinz war der Kazike der Fachmann für politische Aktivitäten und deren hauptsächlicher Nutznießer: Als Kleinstadtsenator oder Wahlmann eines Dorfes verdankte er seine Rolle der Familientradition oder der Erweiterung seiner gesellschaftlichen Position; in Andalusien beispielsweise war er der Vertreter der Grundbesitzer und verteilte die Arbeit.

Da man ohne Gegenkandidat durch Übereinkunft oder Wahlbetrug gewählt wurde und eine Kontrolle durch den Wähler nicht bestand, war die Wahl ihres eigentlichen Sinnes beraubt. Die *Cortes* waren ein Klub, in dem akademische Diskussion und Querelen über Haushalt oder Zölle einander abwechselten. Wenn nötig traf die Staatsmacht auch willkürlich Entscheidungen. Die Willkür, so ließ Unamuno in etwa verlauten, ist die natürliche Regierungsform des spanischen Volkes, die es von oben durch den Militärputsch und von unten durch die Anarchie im Zaum hält.

Der Putsch (pronunciamiento): Das Fehlen eines echten außenpolitischen Problems, die Rekrutierung durch das Los sowie das niedrige Bildungsniveau der Truppen hatten Spanien lange Zeit daran gehindert, eine Volkarmee zu besitzen. Doch war die spanische Armee keineswegs die Karikatur eines Heeres. Das Jahr 1808, der Karlistenkrieg, die Repression in den Kolonien – all das hatte sie geschult und zusammengeschmiedet, vor allem in Hinsicht auf interne Konflikte. In regelmäßigen Abständen wurde ein klassischer Mechanismus ausgelöst: Exilierte, Geheimgesellschaften und häufig auch konspirative Kreise im Ausland, die auf undurchsichtige Weise von einem Teil der öffentlichen Meinung unterstützt wurden, wählten, da sie die legalen Wege versperrt wußten, einen General, der im Exil lebte oder zumindest in Ungnade gefallen war. Folglich begann der Putsch in einem Hafen oder an einem weit entfernten Ort. Dort wurde den ausrückenden Truppen ein Manifest verlesen, Verhaftungen wurden vorgenommen und Vorgesetzte ausgewechselt. Durch Meldegänger oder per Telegramm forderte man die anderen – zuvor informierten – Garnisonen auf, sich im gleichen Sinne zu äußern. In der Regel erklärte Madrid daraufhin, es sei Herr der Situation, was im übrigen häufig auch stimmte, denn auf sieben oder acht gelungene *pronunciamientos* kamen Dutzende, die scheiterten. Aber so reiflich die Verschwörung auch vorbereitet sein mochte, die Auflehnung war stets nur von kurzer Dauer, und nie hatte ein Putsch einen Bürgerkrieg auslösen können – bis zum Jahre 1936, was dann auch zu einer tiefgreifenden Umwälzung führte.

Andererseits handelte es sich bei den Militärrevolten keinesfalls um lächerliche Streitigkeiten. Die Unglückseligen, die am Galgen endeten, zählten mehrere Dutzend, und die Racheakte waren entsetzlich: Weil er sich dem ›Putsch der Sergeanten‹ im Jahre 1836 widersetzte, wurde General Quesada ermordet; seine abgeschnittenen Finger brachte man ins ›Café Nuevo‹, wo seine Feinde mit ihnen den Punsch umrührten.

Anfangs waren die jungen Offiziere Liberale, Freimaurer und Neuerer, später gewannen autoritäre Führer wie Narváez die Oberhand. Trotzdem stellte der ›General des Volkes‹, der Demokrat war oder sich zumindest dafür hielt, sehr wohl einen Typus des neunzehnten Jahrhunderts dar. Zur wirklichen Wende kam es zwischen 1868 und 1873: Angesichts der revolutionären Energie im Volk und der internationalistischen Ideologie der Intellektuellen sah sich die Armee mehr und mehr auf die Aufrechterhaltung der moralischen und sozialen Ordnung zurückgeworfen. Es blieb indes ein Rest. Noch 1930 ermöglichten die Erinnerung an die vergangene Zeit sowie noch bestehende Traditionen (insbesondere der Freimaurerei) ein republikanisches *pronunciamiento*, und die Militärrevolte von 1936 beschwor bei manchen die Vorstellung eines Staatsstreichs gegen die Willkür. Heute hat die Armee ihren festen Platz in der Gesellschaft gefunden.

Bürgerkriege und Aufstände: Man hat dem spanischen Volk eine sprichwörtliche Neigung zu spontanen Unruhen nachgesagt, zu denen man auch die Karlistenkriege zählen kann. Ihre Psychologie entsprach der des Aufstands von 1808: Die katholische und proabsolutistische Agitation der Geistlichen und der lokalen Anführer zielte mit ihrer Demagogie auf die Verteidigung der regionalen *fueros* und der gemeinschaftlichen Bräuche in der Landwirtschaft. Es ist bezeichnend, daß zwei der drei karlistischen Aufstandsherde (Baskenland, Navarra, Katalonien) heute Zentren demokratischer Autonomiebestrebungen sind. In jedem Fall kündigten die Karlistenkriege mit ihren aufständischen Dörfern, dem unausrottbaren Haß unter den Familien, der besonderen Rolle von Militär und Klerus bereits das Jahr 1936 an.

Von ganz anderer Natur waren die Unruhen in Andalusien. Durch Not und Hunger nach Land erwachten uralte Traditionen in regelmäßigem Abstand zu neuem Leben: Landbesetzungen, Holzdiebstahl, das Niederbrennen von Gutshöfen und die Ermordung von Kaziken oder Feldhütern. Zu solchen Bauernunruhen kam es 1856, 1861, 1873, 1876 und 1892. Sie waren die Vorläufer der sogenannten kommunistischen Bewegung, die zwischen 1917 und 1919 wiederauflebte.

Der Aufruhr in den Städten ging seinerseits der Bildung von Parteien und Gewerkschaften voraus. In den Wutausbrüchen von 1827, 1835, 1840–1842, 1871–1873 und 1909 zeigen sich all die Tendenzen des zwanzigsten Jahrhunderts, die häufig unzulässigerweise der ›Propaganda‹ der jüngsten Vergangenheit zugeschrieben werden: 1830–1840 war Barcelona Schauplatz einer Reihe von Attentaten; 1842 und 1873 gab es in der Stadt eine Tendenz sowohl zum föderalistischen als auch zum kantonalistischen Partikularismus; schließlich und vor allem wurde zwischen 1835 und 1909 die Tradition des Übergriffes gegen Klöster und Geistliche fortgesetzt. Das Volk machte den Klerus fälschlich für soziale und politische Zwangslagen verantwortlich – wie im Fall der Choleraepidemie von Madrid –, bisweilen aber auch durchaus berechtigt, so z. B., wenn man ihn beschuldigte, Unterdrückung und Konterrevolution zu fördern.

Grundlegende Probleme

Bevölkerungsentwicklung und Wirtschaft

Die Schwächen Spaniens im neunzehnten Jahrhundert sind nicht gleichzusetzen mit dem Niedergang des Landes im siebzehnten Jahrhundert. Sie bestanden nicht im Verlust an menschlicher Substanz, sondern vielmehr in der Schwierigkeit, sich an ein konstantes Bevölkerungswachstum anzupassen. Tatsächlich wuchs die spanische Bevölkerung von etwa 11 Mio. im Jahre 1808 auf 15,5 Mio. im Jahre 1857, 18,5 Mio. im Jahre 1900 und 24 Mio. im Jahre 1935 an – ein zu rascher Anstieg für ein armes Land. Mit dem zwanzigsten Jahrhundert erreichte Spanien eine kritische Bevölkerungsdichte, die eine Weiterentwicklung von Technik und Wirtschaft verlangte. Doch die möglichen Antworten auf diese Herausforderung wie Intensivierung der Landwirtschaft, Industrialisierung und Imperialismus erforderten Kapital, Unternehmergeist und koloniale Niederlassungen – Elemente, die Spanien nicht ausreichend gepflegt und in der Krise zu Beginn des neunzehnten Jahrhunderts endgültig verloren hatte. Genaugenommen kam es zu einer ungleichmäßigen Anpassung: Das ländliche Spanien stellte dem Kapitalismus materielle, juristische und psychologische Hindernisse in den Weg, wodurch das industrielle Spanien, um bestehen zu können, gezwungen war, sich hinter einem Protektionismus zu verschanzen, der für die ländliche Mehrheit des Landes schon bald zur Last wurde. Solange der Fortschritt in der Landwirtschaft dem Rhythmus der Bevölkerungsentwicklung vorauseilte, stellte dies kein ernstes Problem dar. Im ersten Drittel des neunzehnten Jahrhunderts wuchs die Anbaufläche von weniger als drei auf mehr als fünf Millionen Hektar, 1829 konnte Spanien sogar Getreide exportieren. Die Grenzen wurden jedoch schnell sichtbar.

Landwirtschaft

Technik und Wirtschaft: Seit jeher hat das wasserarme Spanien (Hochebenen und Becken) nur extensiven Anbau betrieben, ein spontanes, dem Klima angepaßtes ›dry-farming‹, das unregelmäßige Ernten und geringe Erträge brachte. Zudem war lange Zeit die Viehzucht dominierend. Bei der Ausdehnung der Anbaufläche wurde deshalb rasch das Gesetz sinkender Erträge wirksam. Am Ende lag die Ertragsgrenze, trotz des Fortschritts, den man den Düngemitteln verdankte, für Weizen unter neun Doppelzentner pro Hektar. Weitere Urbarmachungen verloren dadurch an Sinn. Die einzigen wirklichen Erfolge konnten durch örtliche Konzentration, Intensivierung und Spezialisierung der Mittelmeerkulturen erzielt werden. Um aber diese Erfolge auf Aragón, den Südosten und Andalusien auszudehnen, war ein Bewässerungssystem unabdingbar, das umfangreiche öffentliche Arbeiten erforderte.

Nun war der Kapitalismus des neunzehnten Jahrhunderts auf diesem Gebiet nur wenig erfolgreich, da sich die Urbarmachung fruchtbaren Landes erst in ferner Zukunft rentierte. So hat der um 1860 gebaute Kanal von Urgell zwar eine ganze Region auf wunderbare Weise verwandelt, dies jedoch mit einer solchen Verspätung, daß die Geldgeber enttäuscht waren. Umgekehrt machten sich im fruchtbaren, dicht besiedelten, aber einem wechselhafteren Klima unterliegenden Südosten die großen Bauarbeiten wie der Staudamm von Lorca und die *Riegos de Levante* (Bewässerungskanäle) nur deshalb bezahlt, weil das Wasser versteigert wurde. Bei Trockenheit bedeutete dies für den einfachen Bauern den Ruin.

Aus diesen beiden Mißerfolgen zog man Schlußfolgerungen: Der Staat sollte intervenieren, denn er allein war in der Lage, die traditionelle Wassergemeinschaft, die eine unentgeltliche und gerechte Wasserversorgung garantierte, auf nationaler Ebene und mit modernen technischen Mitteln wiederaufleben zu lassen, wenn sich erst einmal die Kosten der Bauarbeiten amortisiert hätten. Diese Wasserpolitik (in Wirklichkeit eine Art Sozialismus) besaß ihren Vorkämpfer in Joaquin Costa, einem aragonesischen Volkstribun, der sich zwar nicht besonders klar ausdrücken konnte, doch zweifellos einer der fähigsten Köpfe aus der ›Generation von 1898‹ war, die als Reaktion auf den endgültigen Verlust der Kolonien ihre Stimme erhob. Leider fehlte es an Vorarbeiten, der Staat war arm, und lokale Interessen und Korruption verhinderten die Vergabe von Konzessionen an Unternehmen. Auf diese Weise scheiterte auch der 1902 von einem Ingenieur vorgeschlagene ›Plan Gasset‹, an jeder Flußverengung ein Stauwehr zu errichten. Immerhin war die Wasserpolitik ein untrennbarer Bestandteil jedes Neuererversuches geworden. Ihr Erfolg hätte eine wahre Revolution bedeutet, dem aber standen die sozialen Verhältnisse im Weg.

Landwirtschaftliche Probleme: Das alte Agrarsystem Spaniens hat auch im zwanzigsten Jahrhundert nicht ausgewogeneren Lösungen Platz gemacht. Überkommene Bräuche lasteten weiterhin auf dem Land: In Aragón, Andalusien und in der Extremadura hatte die aus der Grundherrschaft hervorgegangene Mentalität deren formales Verschwinden überlebt. Noch im zwanzigsten Jahrhundert erhob man in Galicien die *censos* und *foros* (Pacht- und Erbpachtzinsen) auf *minifundios*, die so klein waren, daß eine Familie nicht von ihnen leben konnte.

Selbst das sozial besser gestellte Katalonien hatte seine Agrarkonflikte: Durch den althergebrachten Winzervertrag der *rabassa morta*[94] waren die Bauern seit Jahrhunderten an ihr Pachtland gebunden; da das Bestehen des Vertrages jedoch vom Überleben der Weinstöcke abhängig war, stellte die Reblaus für die Effizienz des Pachtsystems eine Gefahr dar. Im Kampf um den Boden, der nunmehr entbrannte, standen sich die Vereinigungen der Grundbesitzer und der Pächter (*rabassaires*) gegenüber. Krisenhöhepunkte waren die Jahre 1890, 1920, 1934. Bis in die jüngste Vergangenheit wurde ein großer Teil der katalanischen Politik von diesem Konflikt bestimmt.

Während das neunzehnte Jahrhundert auf dem Gebiet des Agrarindividualismus nur wenig Fortschritt brachte, stand man im gesamten Süden zusätzlich noch vor dem Problem des *latifundio*, des Großgrundbesitzes. Auf den ersten Blick lag in der Aufteilung der Güter eine der großen Taten des Jahrhunderts: Zwischen 1821 und 1867 beliefen sich die Erlöse aus dem Verkauf von Kirchengütern und die Ablösung von Gefällen (Zins, Grundrenten usw.) auf 2,7 Milliarden Peseten. Aber das Hin und Her der Politik (man nehme nur die Gesetze von 1821, 1835, 1854, die 1823, 1845, 1856 wieder außer Kraft gesetzt wurden), die Armut der Bauern sowie die spanischen Sitten und Gebräuche bewirkten, daß dieses Unterfangen weder große, gut bewirtschaftete Güter englischen oder preußischen Typs noch eine zufriedene Bauernschaft nach französischem Muster zustande brachte. Spekulation bei den Landverkäufen ließ lediglich andere *latifundios* neben den bereits vorhandenen des Adels entstehen, die Struktur der Landwirtschaft hingegen änderte sich nicht.

So befand sich die Hälfte des Katasterlandes zu Beginn des zwanzigsten Jahrhunderts im Besitz von nur 10 000 Familien, besaßen 1% der Grundeigentümer 42% der Liegenschaften. Die maximale Ausdehnung der Güter war nicht besonders groß (in Cádiz kamen nur 30 000 Hektar auf zehn Grundbesitzer), da es sich keineswegs immer um schlechte Böden handelte[95]. Auf den Weinbergen von Jérez gehörten 67% des geschätzten Vermögens 3% der Grundbesitzer; in reichen Gemeinden wie Carmona, Ecija, Utrera und Sevilla bestanden 45 bis 81% der Gemarkung aus großen Gutshöfen. Doch selbst hier wurde extensiv bewirtschaftet: Brachland, Jagdgehege, Zucht von Kampfstieren, Korkeichen, Olivenhaine sowie Weizenanbau ohne künstliche Bewässerung. Diese Hierarchie der Nutzung entsprach nicht den Möglichkeiten, die sich eigentlich in Andalusien boten. Lange Zeit hatten die Medinaceli 15 000 von 16 000 Hektar guten Bodens ausschließlich für die Jagd reserviert, und die Herzöge von Alba pachteten Domänen zu 25 Peseten je *fánega* (64,6 Ar), die sie dann für 60 Peseten an ihre Großpächter weitergaben. So wurde weder Kapital akkumuliert noch investiert. Ein Hektar bewässerter Boden hätte zwanzigmal mehr Ertrag bringen können als ein Hektar im Trockenanbau, doch hätte es das Siebenfache gekostet und große Kapitaleinlagen erfordert. Eine Intensivierung der Landwirtschaft fand nicht statt – dafür war der Großgrundbesitz verantwortlich.

Natürlich ist das Problem, anders betrachtet, auch sozialer Natur. Der Großteil der andalusischen Bevölkerung bestand aus *braceros* – Tagelöhnern, die nichts als die Kraft ihrer Arme besaßen. Zwischen 1900 und 1930 verdienten sie im Durchschnitt drei Peseten am Tag und waren hundert bis hundertfünfzig Tage im Jahr arbeitslos. Der proletarische Aspekt war bei ihnen um so spürbarer, als sie in Marktflecken mit 10–15 000 Einwohnern lebten, wo sie für die Saisonarbeiten der *cortijos*[96] angeheuert wurden. Die Geburtenrate war hoch, und nur wenige Andalusier

Krise der spanischen Landwirtschaft: Andalusier verlassen ihre Dörfer.
Kupferstich, Le Petit Journal 1905

emigrierten, so daß es zu Überbevölkerung, Elend und Unterernährung kam. Es sei ein passiver Menschenschlag, schließen manche daraus, doch die Passivität wurde häufig abrupt von Bauernunruhen unterbrochen. Dieses Phänomen betraf ein Drittel Spaniens, und zudem den Teil, der einst sein schönster Garten gewesen war. Diese Millionen von Menschen, die wenig erzeugten, aber auch wenig konsumierten, stellten für die nationale Wirtschaft einen gefährlichen Ballast, und für die Gesellschaft ein Element des Ungleichgewichts dar. Nachdem sie es lange Zeit geleugnet hatte, bemühte sich die Regierung spät um eine Klärung des Problems. Doch das 1902 gegründete ›Institut für soziale Reformen‹ war eben nur ein Forschungsinstitut, das auf experimenteller Ebene versuchte, die Landwirtschaft zu reformieren. Vor 1931 wagte man sich an keinen Gesamtplan, und so kam es um 1917 im Süden wieder zu heftigen Bauernunruhen.

Industrialisierung und Infrastraktur

Auf industriellem Gebiet besaß Spanien zwar einige Trümpfe wie z. B. seine Bergwerke und sein Potential an Arbeitskräften, aber es fehlte ihm an Kapital für die Schwerindustrie sowie an Absatzmärkten für die Konsumgüterindustrie. Bergbau, Stand der technischen Ausrüstung und Schwerindustrie waren entweder hinter der allgemeinen Entwicklung zurückgeblieben oder in ausländische Hände gefallen. Von 1830 bis 1856 verdreifachten die Bergwerke ihre Produktion, ein weiteres Mal zwischen 1860 und 1900. Von 1864 bis 1913 stieg die Förderung bei Eisenerz von 280 000 auf 9 860 000 Tonnen, bei Kupfer von 213 000 auf 2 268 000 Tonnen und bei Kohle von 387 000 auf 3 700 000 Tonnen. Aber die schwachen spanischen Gesellschaften erhöhten ihre Produktion nicht genügend, so daß ausländisches Kapital sie schließlich überholte (1920 machte es 667 Mio. Peseten gegenüber 605 Mio. aus). Die ausländischen Mittel waren in Großunternehmen wie der belgischen Real Asturiana de Minas, der französischen Peñarroya und den englischen Firmen Orconera, Tharsis und vor allem Rio Tinto konzentriert (letztere hatte 1873 die gleichnamigen Gruben für 93 Mio. Peseten erstanden und 1921 ein Kapital von 337 Mio. angegeben). Vor allem widmeten sich die Ausländer natürlich dem Export von Rohstoffen, der aufgrund der billigen Arbeitskräfte wirtschaftlich besonders rentabel war. Das Land selbst hat von diesen Rohstoffvorkommen wenig profitiert.

Bei Ausrüstung und Infrastruktur (Maschinen, Transportwesen, Energie) stand man vor den gleichen Problemen. Spanien sah sich im kapitalistischen Europa dem Teufelskreis der armen und rückständigen Länder ausgesetzt: Um zu Reichtum zu gelangen, bedurfte es einer besseren Ausrüstung – die wiederum war nur durch Geld zu beschaffen. Ein Bericht von Tiefbauingenieuren aus dem Jahre 1840 anläßlich der ersten Eisenbahnkonzession hat es treffend formuliert: Man durfte nicht darauf vertrauen, daß der öffentliche Reichtum Eisenbahnlinien hervorbringen würde; diese müßten vielmehr geschaffen werden, um das öffentliche Vermögen zu vergrößern. Die Ingenieure hatten begriffen, daß maschinelle Ausrüstung und Infrastruktur für einen funktionierenden Wirtschaftskreislauf die Grundvoraussetzungen bilden. Doch kam dieses Plädoyer zu früh, und die

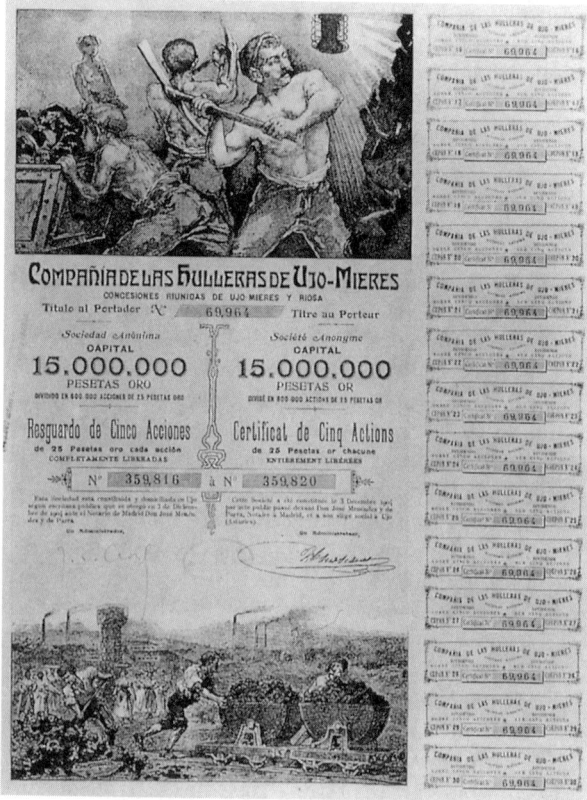

Aktie einer 1907 gegründeten asturischen Minengesellschaft

Konzessionen wurden an ausländische Firmen vergeben (vor allem an die französische Firma Pereire). Das einzige, was der spanische Staat selbständig zuwege brachte, war die Konstruktion eines unsinnigen sternförmigen Eisenbahnnetzes um Madrid. Später ruinierte er sich beim Bau schlechter Nebenstrekken. An diesen anfänglichen Irrtümern hat Spanien bis heute zu leiden.

Die Entstehung der Schwerindustrie und die zweite Phase der maschinellen und infrastrukturellen Aufrüstung vollzog sich zwischen 1910 und 1920 nach analogem Muster. Auf der Suche nach schneller Rentabilität machte das Automobil der Eisenbahn

Überfall auf eine Eisenbahn zwischen Sevilla und Córdoba, 1872

Konkurrenz, anstatt daß man weiter in diese investierte; hastig bauten Elektrizitätsunternehmen die großen Kraftwerke in den Pyrenäen, konkurrierten zunächst miteinander und vereinigten sich schließlich zu einem Trust unter der Schirmherrschaft der *Canadiense* (Barcelona Traction, Power and Light Co.). Weitere Trusts wie Pirelli, Siemens und die IG Farben folgten; bei der Pottasche von Soria kam es zu einer Aufteilung der Einflußsphären.

So lastete auf Spanien ein zwar leistungsfähiges, aber nicht selbst bestimmtes Wirtschaftssystem, das der Anziehungskraft der gewonnenen Stärke folgte und so den Kontrast zwischen dem weiterhin landwirtschaftlich geprägten Großteil des Landes und den wenigen spezialisierten Industrieregionen verstärkte.

Der Leichtindustrie war es zwischen 1830 und 1890 gelungen, an die sich schon im achtzehnten Jahrhundert abzeichnende industrielle Entwicklung mit Hilfe nationalen Kapitals mittlerer Größe anzuknüpfen. Vor allem in Katalonien war eine weit verstreute Textilindustrie entlang des von Barcelona beherrschten

Verkehrsnetzes entstanden. Man zählte zwei Millionen Baumwollspulen, 50 000 Webstühle, eine in Sabadell und Tarrasa konzentrierte Wollindustrie, eine hervorragende Strickwarenherstellung und die verschiedensten verarbeitenden Industrien (Leder, Korkeiche, Papier, Feinmechanik). Die Einwohnerzahl von Barcelona stieg von 88 000 Einwohnern im Jahre 1818 auf 190 000 im Jahre 1860 und 510 000 im Jahre 1897. Die Betriebe waren mittelgroß, auf Familienkapital gegründet und nur begrenzt auf Bankkredite angewiesen.

Aber da es sich um nationales Kapital handelte und die Konsumgüterindustrie so ziemlich der einzige Industriezweig in spanischer Hand war, meinten die Katalanen, sie allein verkörperten ›die nationale Arbeit‹. Weil sie jedoch mit England nicht konkurrieren konnten und Spanien nur noch wenige Kolonien verblieben, entwickelten sie den Protektionismus zu einer beinahe schon mystischen Doktrin. Die Lehrmeinungen eines Güell Ferrer und eines Bosch Labrús waren ebenso gültig wie andernorts die eines Friedrich List. Der *Fomento del Trabajo nacional* war ihre Organisation. Sie hatten ihre Presse, ihre Versammlungen, ihre Sitze im Parlament und prangerten die Politik Madrids sowie die Belastung durch das arme Spanien an. Die Katalanen beanspruchten die Führung der Wirtschaft, doch konservative Agrarier und anglophile Liberale führten dagegen das Argument des industriellen Egoismus Kataloniens ins Feld.

Wirtschaftliche Entwicklung und politische Probleme

Außenpolitische Probleme und die Kolonialfrage: Aufgrund seiner politischen Schwäche wurde Spanien vom Ausland bevorzugt als Einflußzone behandelt. Die französische Intervention von 1823, die zum Karlismus eingenommenen Positionen, die ›spanischen Heiraten‹ und die um Espartero und Narváez gesponnenen Intrigen waren allesamt Episoden der englisch-französischen Rivalität um Spanien. Es wäre an der Zeit, die Rolle Englands bei der Ablösung der Kolonien, beim Zugriff auf die

Frühindustrielle Darstellung einer Wurstfabrik in Girona, kolorierter Kupferstich

Minen, bei den Bemühungen Cobdens, die Schutzzölle der katalanischen Textilindustrie aufzuheben, sowie in der Politik Mendizábals, Esparteros und der Anhänger des Freihandels neu zu überdenken. Spanien ist dem von Portugal akzeptierten Schicksal, ein Satellit Englands zu werden, entronnen, doch seine Reichtümer und seine Lage machten es weithin zur Zielscheibe ausländischer Intrigen.

Ein Wiederaufstieg Spaniens innerhalb der Kolonialwelt stand nicht mehr zur Debatte. Dennoch unternahm es 1859 nach dem Verlust des größten Teils seiner amerikanischen Kolonien einen ersten Versuch in dieser Richtung in Marokko, konnte sich dort jedoch nicht wirklich festsetzen. Als die Konferenz von Algeciras 1906 um des Gleichgewichts der europäischen Mächte willen ein Spanisch-Marokko gründete, hatte der Versuch, das Gebiet durch ein Expeditionskorps zu besetzen, ernste innenpolitische Konsequenzen. 1898 gingen Kuba, Puerto Rico, Guam und die Philippinen verloren. Seine eigene Ohnmacht ließ Spanien nicht unberührt: Costa forderte eine Afrikapolitik, die sich nicht mehr bloß auf militärisches Spiel beschränken sollte, und die Niederlage von 1898 formierte den von Intellektuellen getragenen Widerstand gegen das Regime. Diese politische Schwäche Spaniens hatte auch wirtschaftliche Auswirkungen, denn sie beraubte die Industrie ihrer letzten auswärtigen Märkte und verstärkte dadurch die protektionistischen Tendenzen. Die Katalanen mit ihrer Verachtung für Madrid und das niedrige Lebensniveau der ländlichen Regionen betonten verstärkt ihre Führungsansprüche; Prat de la Riba rühmte zu dieser Zeit in *La Nacionalitat catalana* den »Imperialismus der Produzierenden«. Ein beunruhigender Begriff: Wie schon 1640 und 1700 führte die politische Schwäche Zentralspaniens im Jahre 1900 zu einer Revolte der wirtschaftlich aktivsten Provinzen.

Die Regionalfrage: Es ist erstaunlich, daß die Nationalitätenbewegung auf ein so altes ruhmreiches Gebäude wie das der spanischen Einheit unangenehme Auswirkungen haben konnte. Doch wir wissen, daß die Habsburger Monarchie nicht so einigend gewirkt hat wie die französische, ebensowenig wie die *Cortes* von Cádiz die Rolle der Französischen Revolution übernommen haben. Im neunzehnten Jahrhundert machten der Karlismus des rechten politischen Spektrums und der Föderalismus des linken die zentrifugalen Tendenzen im Lande sichtbar. Am

Ende des Jahrhunderts bildete sich innerhalb der Regionen gar ein so starkes Zusammengehörigkeitsgefühl heraus, daß diese begannen, sich als ›Nationen‹ zu betrachten.

Der baskische Nationalismus entwickelte sich zwar vor allem im zwanzigsten Jahrhundert, geboren wurde er jedoch im neunzehnten Jahrhundert mit seinem Apostel Sabino Arana. Erstmals trat er in Bilbao in Erscheinung, womit er sich weniger als ein Überbleibsel des alten ›Fuerismus‹ erwies denn als das Aufbegehren einer wirtschaftlich fortgeschrittenen Region gegen die politische Gängelung durch ein rückständiges Zentrum.

Der ältere Katalanismus hatte ursprünglich als Spracherneuerungsbewegung nach dem Vorbild des von Frédéric Mistral gegründeten provenzalischen *Félibrige* begonnen. Zwischen 1833 und 1850 kam die katalanische Sprache mit Werken wie der *Ode an das Vaterland* von Aribau, den Gedichten von Rubió und Eugeni d'Ors sowie den *Jacs Florals* (Blumenspielen) wieder zu literarischen Ehren. Die historischen Arbeiten von Bofarull, Milá y Fontanals und Balaguer ließen die Beschäftigung mit der katalanischen Vergangenheit zur Mode werden. Mit Verdaguer und später Maragall betraten bedeutende Dichter die Szene. Warum aber konnte diese intellektuelle Strömung, deren literarischer Wert nicht über das Werk Mistrals hinausging, über ein eigenes Theater, Presse und Vereine verfügen und schließlich sogar ein ganzes Volk prägen, anstatt wie in Frankreich ein Zeitvertreib kleiner Zirkel zu bleiben?

Ein Grund dafür ist zweifellos, daß Land, Menschenschlag und Sprache Katalonien deutliche Konturen gaben. Diese Voraussetzungen haben sich jedoch nicht immer bemerkbar gemacht; zwischen 1750 und 1830 waren sie sogar fast vergessen. Auch der Konflikt um die Cerdagne und das Roussillon vermochte ihnen keinen neuen politischen Auftrieb zu geben, und sogar die Wiederaneignung der Sprache folgte der politischen Begeisterung für die Autonomie, statt ihr vorauszueilen. Dies macht deutlich, daß das wahre Problem nicht in den differentiellen Faktoren (Geographie, Ethnie, Sprache, Recht, Psychologie oder Geschichte) zu suchen ist, sondern in den Gründen, aus denen ein bestimmtes Milieu zu einem bestimmten Zeitpunkt sich dieser wieder bewußt wird. Diese Gründe sind zweifacher Natur: Zum einen ist es die allgemeine Schwäche des spanischen Staates, zum anderen sind es die zunehmenden Unterschiede zwischen der Sozialstruktur der katalanischen Region und der übrigen Nation.

Immerhin konnte Spanien seit Karl III. keinen nennenswerten Erfolg mehr verbuchen, und wirksame Anstrengungen, ein gesamtspanisches Gemeinschaftsgefühl zu entwickeln – besonders im Schulwesen –, waren ebenfalls ausgeblieben.

In Katalonien gab es ein aktives Bürgertum sowie gutsituierte Mittelschichten, die Arbeit, Sparsamkeit, individuelle Leistung kultivierten und für Protektionismus, politische Freiheit, die Ausdehnung der Kaufkraft auf breitere Schichten eintraten. Im restlichen Spanien dominierten indes die althergebrachten Lebensweisen: Der Bauer bestellte sein Land, um zu leben und nicht, um zu verkaufen; der Grundbesitzer strebte weder danach, Vermögen zu akkumulieren noch zu investieren; vor dem sozialen Abstieg suchte der *hidalgo* Zuflucht in Armee oder Kirche, der Bürger Madrids in Politik oder Verwaltung; dort kämpften die Konservativen gegen politische Freiheit und die Liberalen gegen den Protektionismus. Diese beiden Positionen sollten sich noch verhärten.

Polemiken entzündeten sich bei jeder Diskussion über Steuern oder Zölle. Versammlungen, Presse, Parlamentsreden sowie Berichte an die Regierung sorgten in Katalonien immer wieder für Aufregung und vereinten den Regionalstolz der Intellektuellen mit den Argumenten aus dem Wirtschaftslager und der Unzufriedenheit des Volkes. Fast immer führten diese Unruhen zum gewünschten Ziel, und mit jedem Mal wurde die regionale Solidarität stärker. Die wiederum führte in den nichtindustriellen Regionen zu Angriffen gegen die Repräsentanten Kataloniens – die ›Ausbeuter‹ und ›Organisatoren der Teuerung‹ –, mit allen Sarkasmen, welche die vorkapitalistische Psychologie für den Geschäftsmann bereitzuhalten wußte. So bildeten sich zwei Vorstellungen heraus: Der Kastilier sah im Katalanen nur die personifizierte Härte, Gewinnsucht und mangelnde Grandeur, der Katalane hingegen im Kastilier nur Stolz und Müßiggang. Der hieraus entstandene zweifache Minderwertigkeitskomplex – politischer Natur beim Katalanen, ökonomischer beim Kastilier – bewirkte ein unüberwindliches Mißtrauen, für das die Sprache ein Symbol, die Vergangenheit ein Fundus von Argumenten war.

Auf diese Weise wird die Entstehung des Katalanismus verständlich. Aus einem intellektuellen Regionalismus entwickelte er sich zu einer Autonomiebewegung, so daß man nach 1898 bereits von ›Nationalität‹ sprach. 1906 errang eine über die Parteien hinweg gebildete *Solidaridad Catalana* einen triumphalen Wahlsieg. Da die älteste katalanische Partei, die *Lliga Regionalista*, vor allem gemäßigte Kräfte vereinte (gutsituierte Akademiker, Industriearbeiter sowie katholische Bauern und Ladenbesitzer), glaubte Madrid zu ihrer Bekämpfung auf den Demagogen Lerroux zählen zu können, das Idol der Volksmassen Barcelonas. Aber Lerroux disqualifizierte sich durch seine wenig ruhmreiche Rolle während des Aufruhrs von 1909, der ›Tragischen Woche‹, und der Katalanismus wurde von nun an auch die Heimstatt der Opposition demokratischen bzw. kleinbürgerlichen Typs. Ein linker Katalanismus sollte Kleinbauern, *rabassaires*, Angestellte, Beamte und Intellektuelle zusammenführen. Ein regionaler Block zeichnete sich fortan gegen Madrid ab.

Die soziale Bewegung und die Arbeiterorganisationen: Im neunzehnten Jahrhundert war der Anteil der Industriearbeiter an der Gesamtbevölkerung nie besonders hoch gewesen. Die drei regionalen Zentren (Katalonien, Asturien, Biscaya), die vier oder fünf Städte (Madrid, Sevilla, Valencia, Málaga, Zaragoza) und die isolierten Bergwerke (Peñarroya, Rio Tinto, Unión) waren eine zu schwache Basis für eine Arbeiterbewegung englischen oder deutschen Typs. Und dennoch hat die spanische Arbeiterklasse bereits seit dem neunzehnten Jahrhundert eine Rolle gespielt, einflußreicher, als es ihre geringe Zahl erwarten ließ. Aber erinnert das nicht an Lenins Analyse der Verhältnisse in Rußland? In einem überwiegend landwirtschaftlich geprägten Land, in dem sich die Agrarkrise verschärfte, sich ein überkommenes aristokratisches System in politischen Katastrophen auflöste und die Mittelschicht nur geringes gesellschaftliches Gewicht besaß – genügten da nicht einige von oft ausländischem Kapital ausgebeutete proletarische Zellen, um der Arbeiterbewegung eine entscheidende Führungsrolle zuzuteilen? Genau aus diesem Grunde sah Lenin in Spanien das für eine zweite Revolution auserkorene Land. Zwischen 1917 und 1923 war die Gleichstellung von Spanien und Rußland in allen politischen Lagern gebräuchlich, um eine unmittelbar bevorstehende soziale Umwälzung vorherzusagen. Zudem konnte die revolutionäre Bewegung Spaniens auf eine lange Tradition zurückblicken.

Tendenzen zur Organisierung – *Sociedad de Tejedores* (Weberverein), *Las Tres Clases de Vapor* (Maschinenarbeiter), *Unión Manfaturera* (Bund der Manufakturarbeiter) – hatten sich in Katalonien schon in den Jahrzehnten von 1830 bis 1860 gezeigt, so z.B. bei den Gewaltausbrüchen (Maschinenerstürmungen im Jahre 1835, Generalstreik 1855) oder bei den auf politische Zwischenfälle folgenden sozialen Unruhen (1835, 1840, 1854).

1868 kam der Italiener Guiseppe Fanelli, ein Schüler Bakunins, nach Spanien und gründete offiziell die Sektionen der 1. Internationale, insgeheim verbarg sich dahinter die anarchistische ›Allianz‹ Bakunins. Der Erfolg war eklatant: Innerhalb weniger Monate hatte die ›Föderation‹, Organ der Internationale in ihren beiden großen Zentren Katalonien und Andalusien, mehr als 100 000 Mitglieder. Zusammen mit dem Frankreich der Pariser Kommune wurde Spanien so ein wichtiges Erfahrungsfeld für die internationale revolutionäre Bewegung. Marx und Engels lieferten sich von London aus mit den Bakunisten in der Schweiz einen heftigen Kampf um die spanische Sache. Engels verfaßte eine grundlegende marxistische Kritik der Anarchisten. Doch trotz der Mission von Paul Lafargue trug der Bakunismus zunächst den Sieg davon. Zumindest aber dauerte die Spaltung an, als sich die Arbeiterorganisationen nach der Repression der Jahre 1874–1876 neu formierten.

1879 wurde in Madrid die Sozialistische Arbeiterpartei (PSOE) gegründet, zu der sich 1888 eine Gewerkschaft, die Allgemeine Arbeiterunion (UGT), gesellte. Die PSOE errang ihre Erfolge in Regionen mit starker Industriekonzentration (asturische Bergwerke, baskische Metallindustrie) und bei den gebildeten Arbeitern von Madrid, deren typischer Repräsentant der Schriftsetzer Pablo Iglesias, der Gründer der Partei, war. Als Theoretiker ohne Originalität, aber von eindrucksvoller Statur hielt er den spanischen Sozialismus lange Zeit in der Tradition von Lafargue und Guesde. Später, unter dem Einfluß von geborenen Politikern (Indalecio Prieto) oder Rechtsprofessoren (Besteiro, Jiménez Asua, de los Ríos), geriet diese Tradition in Vergessenheit, und man ging zum Parlamentarismus oder zum Reformismus über.

1881 hatten fünfzig Aktivisten aus Barcelona ebenfalls eine Arbeiter-Föderation gegründet, die jedoch eher anarchistisch ausgerichtet war. In zwei Jahren (Kongresse von Sevilla und Valencia) konnten sie fast 50 000 Mitglieder um sich scharen, gemäß dem üblichen politischen Kräfteverhältnis 30 000 in Andalusien und 15 000 in Katalonien. Interne Divergenzen und Repressalien erschwerten der Föderation zwar das Dasein, doch zwischen 1890 und 1910 erlebte der Anarchismus mit einer Reihe von Attentaten, den Streiks der Jahre 1890 und 1902, dem Prozeß von Montjuic sowie der ›Tragischen Woche‹ seine große Zeit. Die Gründung einer anarchosyndikalistischen Zentrale markierte 1911 den Beginn einer besser organisierten Phase. Die *Confederación Nacional del Trabajo* (CNT) sollte die spanische Arbeiterbewegung bis zum Bürgerkrieg dominieren.

Von größerer Bedeutung als das punktuelle Phänomen des Anarchismus der neunziger Jahre ist das Weiterbestehen der Bewegung im zwanzigsten Jahrhundert. Dieses lediglich durch das Temperament erklären zu wollen, wäre zu einfach. Warum sollten gerade das Spanien Cisneros' und des Tribunals zur Wasserverteilung oder das kooperatistische und gemäßigte Katalonien von ihrem Wesen her besonders zu individualistischen Formen der Subversion berufen sein? Man muß den spanischen Anarchismus in Beziehung zur Struktur und Geschichte der Umgebungen analysieren, in denen er entstand.

1. Die Verbindung von Arbeiterbewegung und Agrarproblematik: Der andalusische Bauernaufstand hatte die spanische Vision von einer Revolution maßgeblich geprägt, was erklärt, warum anarchistische Zeitungen Namen wie *Tierra* (Land) oder *Tierra y Libertad* (Land und Freiheit) trugen.

2. Die Versprengtheit der katalanischen Industrie: Sie führte dazu, daß Unternehmer und Arbeiter sich nahe geblieben waren, so daß der Kampf einen individuellen Charakter bewahrt hat.

3. Das Elend in den Großstädten: Ebensosehr wie von der Not der Arbeiter, muß man hier vom Elend der Zuwanderer, der Arbeitslosen, des Kleingewerbes und der Elendsviertel (wie dem *distrito quinto* in Barcelona) sprechen.

4. Die Beziehungen zwischen Arbeitern und Politik: Die Politik des neunzehnten Jahrhunderts hatte die Arbeiterschaft stets enttäuscht, was ihre apolitische Haltung erklärt. Als Reaktion auf die ständige autoritäre Gängelung durch die Polizei entwickelte sie jedoch gleichzeitig einen leidenschaftlichen Drang nach Freiheit sowie einen starken Haß auf den Staat. Insgeheim erfreute sich der Liberalismus bei den Arbeitern eines gewissen

Ansehens, woher auch die Pendelbewegung der spanischen Wahlen rührte: Nach einer linken Periode gaben die enttäuschten Anarchisten die Parole *no votad* (Wählt nicht!) aus; ihre Wahlenthaltung ermöglichte jedoch einen Wahlsieg der Rechten; zwar gab der empörte Arbeiter seinen Abstentionismus nach der Herrschaft der Rechten wieder auf, doch verfügte er über keine eigenen Kandidaten; erneut triumphierte ›die Linke‹, ohne ihn zu repräsentieren.

5. Die revolutionäre Tradition: Díaz del Moral hat auf die entscheidende Rolle der Tradition bei den andalusischen Aufständen hingewiesen, und auch der Anarchismus Barcelonas besaß seine großen Vorfahren, seine Erinnerungen und seine Märtyrer. Sozialismus und Kommunismus mußten sich mit dieser emotionsbesetzten Vergangenheit auseinandersetzen.

6. Die ideologische Prägung: Als der Altmeister des spanischen Anarchismus, Anselmo Lorenzo, 1870 Marx in London besuchte, kam er als bewundernder und eingeschüchterter Autodidakt, denn er setzte sein Vertrauen eher in den Instinkt der Arbeiterbewegung und in gefühlsbestimmte oder leidenschaftliche Doktrinen als in die ›bürgerliche‹ Wissenschaft von Marx. Mit Hilfe von Francisco Ferrer organisierte Lorenzo ein Bildungssystem, das um so einflußreicher war, als das offizielle Schulsystem einen großen Teil der Kinder und Jugendlichen dem Analphabetentum überließ. Die ›moderne Schule‹, die preiswerten Broschüren sowie die ›Populären Athenäen‹ sollten Generationen prägen. Zwar hielt sich diese Kultur für umfassender (›enzyklopädischer‹) als die marxistische, doch wappnete sie die Aktivisten nicht ausreichend für die Probleme der Wirklichkeit. So traf sich der Anarchismus schließlich mit alten spanischen Eigentümlichkeiten: Treue zu Personen, Lob der individuellen Tat, eher leidenschaftliches als intellektuelles Bedürfnis nach Befreiung, Antiklerikalismus. Darin ist der Anarchismus nur ein Sonderfall der geistigen Problematik, die das neunzehnte Jahrhundert bewegte.

Geistige Probleme: Wie im achtzehnten Jahrhundert entspringen sie dem doppelten Konflikt zwischen der Last der Tradition und dem Wunsch nach Erneuerung auf der einen und Erneuerungsstreben und Stolz auf die nationale Einzigartigkeit auf der anderen Seite.

Die erste Hälfte des Jahrhunderts brachte wenig Neues in diesen Konflikt. Die Romantik war ein vornehmlich literarisches

Büßerbrüderschaften, ein wichtiger Bestandteil des religiösen Brauchtums

Phänomen, der Liberalismus, stärker noch als im achtzehnten Jahrhundert, eine Kopie und das traditionelle Spanien nur Fassade. Um 1840 sind es vor allem Gebräuche und nicht so sehr Gedanken, die Spanien aus der Vergangenheit bewahrte. Dies genügte, um in abgelegenen Gegenden bewegende mittelalterliche Glaubensüberzeugungen am Leben zu erhalten, nicht aber, um in weltoffeneren Regionen und in den Großstädten die Glaubensgewißheit zu sichern. In der Mitte des Jahrhunderts riefen der katalanische Priester Balmes und der konvertierte Liberale Donoso Cortés, eindringlich zur Wiederbelebung der Tradition auf, doch ihre Position war defensiv und ihr Einfluß schwach, so daß der spanische Klerus die Lektion nicht zur Kenntnis nahm. Der beharrte weiterhin auf seinen uneingeschränkten Führungsansprüchen, ohne sie jedoch durch ein gestiegenes kulturelles Niveau zu rechtfertigen, und verwechselte das Verharren in Bräuchen, Konventionen und Ritualen mit religiöser Standhaftigkeit. Noch heute mag es den Fremden in Spanien erstaunen, welche Kraft dort das Religiöse unbewußt bewahrt und welche Unkenntnis der elementarsten Grundsätze des Katholizismus beim Durchschnittsspanier anzutreffen ist. Die leidenschaftlichen Kämpfe resultierten aus der Tatsache, daß sowohl bei Befürwortung als auch bei Ablehnung der Religion die intellektuelle Komponente kaum ausschlaggebend war. All dies sind Symptome des grundlegenden Scheiterns der Volksbildung, der Schule ebenso wie der Religionslehre. Im zwanzigsten Jahrhundert träumte die spanische Kirche bisweilen davon, der Kopf einer neuen Gegenreformation zu sein, aber für die Präreformation von Cisneros, die für die Geistlichkeit des sechzehnten Jahrhunderts prägend gewesen war, gab es im neunzehnten Jahrhundert keine historische Entsprechung. Als ein primär intellektuelles Phänomen vollzog sich die geistige Bewegung Spaniens im neunzehnten und zwanzigsten Jahrhundert, selbst in ihren traditionalistischen und mystischen Aspekten, außerhalb der Kirche und vor allem gegen die Kirche.

Zwischen 1860 und 1880 vollzog sich die geistige Entwicklung in drei verschiedenen Ausprägungen. Da wäre zunächst die vermehrte Produktion von Romanen, die, wenn auch von ungleicher Qualität, in ihrer Tendenz doch bemerkenswert sind: Pereda verteidigte ironisch das alte Spanien, Valera, Palacio Valdés und Pardo Bazán kritisierten es nicht ohne Zärtlichkeit. Doch trotz der bestehenden Divergenzen dominierte in allen Werken das Bestreben, das Nationale zu bestimmen und ›das Spanische‹ zu definieren. Hier zeigt sich ein Volk in einer moralischen Krise, das zwar an sich zweifelt, aber in erster Linie den Besonderheiten seines Wesens verbunden bleibt.

Eine weitere intellektuelle Strömung erscheint in ihrem Ursprung ganz anders: Bei dem seltsamen Krausismus, der in den vierziger Jahren von Julián Sanz del Río, einem jungen Stipendiaten, aus Deutschland importiert und durch dessen Einfluß zwischen 1855 und 1865 eine kleine ›Reform‹ ausgelöst wurde,[97] handelt es sich weniger um eine Idee als vielmehr um eine Lebenshaltung. Doch gingen daraus jener Laienspiritualismus, jene Prinzipienstarrheit sowie jenes Vertrauen in die Erziehung hervor, die die Erste Republik beseelten. Eine Ausdehnung des kleinen Zirkels gläubiger Anhänger erfolgte erst später. Bedenkt man aber, daß sich in der Zeit von 1865–1875 ebenfalls die beiden Strömungen des revolutionären Denkens durch den Streit zwischen Marx und Bakunin verfestigten, so wird deutlich, daß sehr wohl in diesem Jahrzehnt die Quellen zu suchen sind, aus denen sich das Spanien unserer Zeit genährt hat. Für gewöhnlich vermutet man sie jedoch eher bei der ›Generation von 98‹.

Mit Francisco Giner de los Ríos wandte sich der Krausismus nach 1880 dem Erziehungswesen zu: Eine Art Para-Universität, die *Institución Libre de Enseñanza*, nahm eine Erneuerung der Pädagogik und der Forschung in Angriff; 1912 entstand die noch weitergreifende offizielle *Junta para la Apliación de Estudios* mit Ober- und Hochschulen, wissenschaftlichen Studienzentren und Auslandsstipendien. Die praktischen Wege waren neu: Untersuchungen, Exkursionen, Koedukation, das Interesse für Natur und Volkskultur, sowie die bevorzugte Stellung von Biologie und Soziologie. Dank der *Institución* schloß Spanien auf dem Gebiet der höheren Bildung nicht nur zu den Nachbarländern auf, sondern übertraf diese sogar häufig – mit einem Vorbehalt: Das Werk erreichte weder das alte Spanien, das der religiösen Erziehung treu blieb, noch das Volk, um das man sich weiterhin wenig kümmerte; um 1900 konnte mehr als die Hälfte der Spanier nicht lesen. So blieb die krausistische Intelligenzija, ein begrenztes, künstliches Phänomen, außerhalb der Gesellschaft.

Die Historiker- und Soziologengeneration der Jahre 1890 bis 1900 steht in enger Verbindung zur *Institución*. Die Bemühungen dieser vorbildlichen, aber noch schlecht gerüsteten Pioniere, mit ihrer Sympathie für nationale Traditionen und ihrem Streben nach universeller Erkenntnis, erinnern an das achtzehnte Jahrhundert. Einer von ihnen ist Joaquín Costa, der die spanischen Eigenheiten auf dem Gebiet des Gewohnheitsrechts, des Brauchtums, der Landwirtschaft und der gemeinsamen Wasserwirtschaft erforschte. Nach 1898 stürzte er sich in die aktive Politik, schloß die aragonesischen Bauern gegen den Fiskus zusammen, nannte sich erst einen Republikaner, dann einen Revolutionär und gab allerlei Anregungen für die Zukunft: In ihm hatte das neunzehnte Jahrhundert seinen *arbitrista* gefunden. Man bewunderte ihn, aber angesichts des Erfolges glänzenderer Schriftsteller trat sein Ruhm schnell in den Hintergrund. Die ›Generation von 1898‹ gewann nun eine vor allem literarische Bedeutung.

Ebenso wie Quevedo den ›Arbitrismus‹ im Namen einer stolzen Verzweiflung verurteilt hatte, so fanden sich um 1898 Männer in der gemeinsamen Verachtung der Realität zusammen, um ihren nationalen Enttäuschungen lyrisch Ausdruck zu verleihen. Sie bildeten keine ›Schule‹ und waren sehr verschieden voneinander, aber ihr Werk gründete auf demselben Groll und demselben Stolz. Pio Baroja trat zwar die Tradition mit Füßen, verschloß sich aber auch jeglicher Belehrung von außen. Antonio Machado, ein junger Lehrer aus Soria, beschrieb in seinen poetischen Meditationen die Landschaft Altkastiliens, das »Kainsblut« und den »leeren Kopf und Magen« des Spaniers. Ganivet schrieb eine Ideengeschichte, um zu beweisen, daß es zwischen Spanien und Europa keine Gemeinsamkeiten gebe. Miguel de Unamuno forderte für Spanien den ersten Platz im Kampf gegen Wissenschafts- und Fortschrittsgläubigkeit. Auch gefiel er sich darin, die herkömmlichen Formeln umzukehren und vorzuschlagen, Europa zu hispanisieren, mit Don Quijote als Vorbild. Er ist Spaniens wortgewaltigstes Genie seit Jahrhunderten, doch seine Wortverliebtheit und seine Paradoxa blieben in der spanischen Geistesgeschichte eher ein Quell der Unsicherheit und der Widersprüche.

Erster Widerspruch: Zu dem von Giner ererbten wissenschaftlichen Geist, aus dem mit Gelehrten wie Ramón Menéndez Pinal, Claudio Sánchez Albornoz und Gregorio Marañón bedeutende philologische, historische und biologische Schulen hervorgingen, gesellte sich eine verhängnisvolle Verehrung des brillanten Literaten und philosophischen Snobs nach Art eines Ortega y Gasset oder eines Eugeni d'Ors.

Zweiter Widerspruch: Im Gefolge der Autoren von '98 hatten sich die spanischen Schriftsteller so sehr ›engagiert‹, daß sie sich in der Krise von 1931 dazu berufen glaubten, das neue Spanien moralisch zu leiten. Doch sie vermochten weder das traditionelle Spanien, das sie verfluchte, noch das Proletariat mitzureißen, das sie selbst ignorierten. Als sie dann in der Politik erfuhren, mit welcher Heftigkeit Auseinandersetzungen ausgetragen wurden, zogen sie sich zurück, die einen lautstark, die anderen still und leise, nicht aber ohne Verachtung für diejenigen, die sich weiterhin ›engagierten‹: Diese Spaltung und Unsicherheit ist ein weiteres Drama im Spanien des zwanzigsten Jahrhunderts.

Dritter und letzter Widerspruch: Die Generation von '98 hatte die Gratwanderung unternommen, den spanischen Komplex zu kritisieren und gleichzeitig den spanischen Mythos zu preisen. Manche ihrer Schüler bewahrten nur die Verachtung – sie sollten die Entmutigten sein –, andere wiederum nur den Stolz – für sie bekamen die simplifizierten Themen Ganivets und Unamunos die Bedeutung, die der Rassismus bei den Nazis, die imperiale Besessenheit bei den Faschisten gehabt hat. Der todkranke Unamuno sah 1936 von Salamanca aus die Entwicklung mit Schrecken.

Später sollte, wie immer in Spanien, eine Synthese zwischen Tradition und Nonkonformismus verwirklicht werden. Aber dazu bedurfte es Genies wie Federico García Lorca, Miguel Hernández oder Pablo Picasso und der großen Volksbewegung von 1936.

Die Krisen des 20. Jahrhunderts

Die Krise der Monarchie (1917–1931)

Unruhen (1917–1923)

Die durch den Krieg hervorgerufene wirtschaftliche Euphorie ebbte 1917 wieder ab. Teuerung, Vorboten der Russischen Revolution, Fälle skandalöser Bereicherung sowie Zusammenstöße von Anhängern der Alliierten und Germanophilen erhitzten die Gemüter und spalteten die politischen Lager.

Im Mai nahm die allgemeine Unruhe in einer militärischen Bewegung Gestalt an. Gegen die Günstlingswirtschaft bildeten Infanterieoffiziere Juntas, die sich – zunächst verboten – »all denen, die gut regiert werden wollen«, als Beispiel präsentierten. Unteroffiziere und Postbeamte folgten bald ihrem Vorbild. Zusehends bekam die Bewegung politischen Charakter. Regionalisten, Reformisten, Radikale und Sozialisten verlangten die Einberufung der *Cortes*, in denen die Regierung keine sichere Mehrheit besaß. Eine illegale Versammlung von achtzig oppositionellen Abgeordneten tagte in Barcelona und forderte eine verfassungsgebende Versammlung, wurde jedoch sofort wieder aufgelöst. Wie schon so oft setzte die Regierung bei der Lösung des Problems allein auf die Intervention der Zivilgarde. Doch damit schätzte sie die Dimension der Krise falsch ein. Ende Juli wurde in Valencia, Santiago de Compostela und Bilbao gestreikt. Am 13. August kam es zum Generalstreik, am 15. zum Feuergefecht in Cuatro Caminos (Madrid), es gab Tote. In Katalonien und den Bergwerksgebieten des Nordens fanden regelrechte Schlachten statt. Doch die Regierung behielt die Oberhand, und die sozialistischen Führer Saborit, Anguiano, Besteiro und Largo Caballero wurden verhaftet, andere Politiker wie Lerroux und Maciá konnten fliehen. Maura, der Führer der Konservativen, und General Primo de Rivera prangerten die Schwäche der Regierung an, die sich allerdings noch fünf weitere Jahre halten konnte.

Die politische Verwirrung resultierte aus dem ständigen Wechsel der Regierungen. In sechs Jahren gab es dreizehn Krisen mit Regierungsneubildungen, dreißig, die mit dem Rücktritt einzelner Minister endeten. Eine große Koalition Maura-Romanones-Cambó scheiterte. Maura verlegte sich daraufhin auf anti-katalanische Unnachgiebigkeit, und Cambó, Führer der katalanischen Konservativen, kehrte mit seiner berühmten Rede, die in dem Ruf:»Monarchie? Republik? Katalonien!« gipfelte, in die Opposition zurück. So bekam die Regionalfrage neue Brisanz.

Auch die soziale Konfusion spitzte sich zu. Die Teuerung führte zu Unruhen unter den kleinen Beamten, und 1919 kam es zur Krise in der Industrie. Das agrarische Spanien erlebte zunächst einen Höhepunkt der Bauernbewegung. In Andalusien bezeichnet man die Jahre 1918-1921 als *trienio bolchevista*[98]: Die leidenschaftlich für eine Landverteilung eintretenden Bauern schrieben die Parole »Viva Lenin« auf die Mauern, doch geschah dies nicht unter dem Einfluß kommunistisch geschulter Anführer. Als sich die sozialistische Partei 1921 spaltete, schien einzig das Baskenland dem Kommunismus zuzuneigen. Der große revolutionäre Anziehungspunkt blieb weiterhin der politikfeindliche Anarcho-Syndikalismus.

1919 repräsentierte der Kongreß der CNT in Sabadell bei Barcelona nicht weniger als 300000 Mitglieder. Ein weiterer Höhepunkt der Gewerkschaftsbewegung war der Streik beim Elektrizitätswerk ›*Canadiense*‹, bei dem Salvador Seguí (der ›Zuckerjunge‹[99]) und Angel Pestaña als Führungspersönlichkeiten hervortraten. Zwar verhandelte die Regierung und konzedierte den Achtstundentag, aber die kampfbereite Unternehmerschaft griff zum Mittel der Aussperrung. Dies war die Stunde des Terrorismus, der in den ersten sechs Monaten des Jahres 1921 in Katalonien, Zaragoza sowie in Bilbao zuschlug. Im Juni trat die staatliche Repression in Barcelona in Gestalt von General Martínez Anido und Polizeichef Arleguí in Aktion, die den Terroristen bewaffnete Einheiten und der freien Gewerkschaft eine Einheitsgewerkschaft gegenüberstellten. Sie mobilisierten die Bürgerpolizei und wandten das *ley de fugas* an, das darin bestand, einen Gefangenen zum Ausbruch zu provozieren, um ihn dann auf der Flucht liquidieren zu können. Der gewaltsame Tod von Salvador Seguí und seinem Anwalt Francesco Layret empörte die Öffentlichkeit. Im Oktober 1922 wurde Martínez Anido seines Postens enthoben. Doch angesichts der erneuten

Primo de Rivera (Mitte)

Zunahme von Attentaten boten die wichtigsten Vertreter aus Handel und Industrie in Katalonien dem Generalkapitän der Region, Primo de Rivera, ihre Unterstützung an: Dies war das Zeichen zur Neugruppierung der ›Ordnungsparteien‹.

Zur gleichen Zeit verlangte das marokkanische Problem nach einer Lösung. Politiker und Militärs benutzten die Restkolonie Marokko gern zur Bereicherung und als Schauplatz persönlicher Ambitionen. Opfer brachten sie für diese Sache nur widerwillig. Am 20. Juli 1921 wurde ein spanisches Expeditionskorps unter General Silvestre bei Annual von aufständischen Rifkabylen unter Abd el Krim eingeschlossen. Der König hatte hinter dem Rücken der Regierung den Befehl zu seiner Entsendung gegeben. Es gab 14 000 Tote und Gefangene. Zwischen 1921 und 1923 forderte General Dámaso Berenguer unablässig Verstärkungen und finanzielle Mittel für die mühsame Rückeroberung des Gebietes. Die Minister, der König (den man beschuldigte, heimlich Einfluß auf das militärische Kommando ausgeübt zu haben) und die Juntas schoben sich gegenseitig die Verantwortung zu. Politiker unterschiedlichster Couleur wie Maura, Cambó und der Sozialist Prieto protestierten. Auch General Primo de Rivera, der im Senat ganz unverhofft für die Aufgabe Marokkos eintrat; von Kastilien nach Katalonien versetzt, bereitete er sich, begünstigt durch die sozialen Unruhen, auf seine Rolle in der kommenden Diktatur vor.

Am 13. September 1923 ernannte sich Primo de Rivera mit Unterstützung der herrschenden Schichten und der Garnisonen zum Führer eines ›Direktoriums‹, das vom König akzeptiert wurde. Niemand schwang sich zur Verteidigung des diskreditierten parlamentarischen Systems auf.

Die Diktatur (1923-1930)

Die politische Geschichte der Diktatur ist schnell erzählt. Ende 1925 wurde aus dem militärischen ein ziviles Direktorium, 1927 berief es eine beratende Versammlung ein und entwarf 1929 eine Verfassung, was jedoch weder sein Wesen noch seine Methoden veränderte.

Nur die Marokkofrage wurde entschieden. Das Bündnis mit Frankreich hielt, und nach 1925 regte sich kein Widerstand mehr im Rifgebirge. Die aus spanischen Fremdenlegionären und einheimischen Truppen bestehende Marokkoarmee wurde in den Händen der Generäle zu einem starken und autonomen Instrument.

1926 beliefen sich die laufenden Schulden auf achtzehn Milliarden Peseten, und im Jahre 1928 betrug das Haushaltsdefizit eine Milliarde. Trotzdem finanzierte der Staat von nun an die großen öffentlichen Arbeiten, von denen zumindest ein Projekt, die *Confederaciones Sindicales Hidrográficas*, von großer Tragweite war. Costas Traum schien Gestalt anzunehmen. In jedem Flußbecken verpflichtete der Staat Bauern und Unternehmer, sich in Syndikaten zusammenzuschließen, um einen Plan zur Regulierung, Bewässerung und Elektrifizierung zu finanzieren. Die Ebrokonföderation leistete in diesem Zusammenhang besonders wertvolle Arbeit, weil ein bedeutender Ingenieur, Lorenzo Pardo, hier seine alten Hoffnungen verwirklichen konnte: Wehre an den Quellen des Ebro, unterirdische Staubecken in den Pyrenäen, Ausbau des Aragón-Katalonien-Kanals. Aber Pardo blieb eine Einzelerscheinung; keine andere Konföderation leistete Vergleichbares. Die Unternehmer blieben zurückhaltend, den Bauern fehlten die Mittel, so daß der Staat die Hauptlast trug und die Pläne weitgehend unrealisiert blieben. Da es sich aber um aufwendige Projekte handelte, gerieten die Konföderationen in den Mißkredit, der die ganze Diktatur traf. Wegen ihres Programms zum Ausbau der Landstraßen und der Weltausstellung von 1929 wurde sie des Größenwahns bezichtigt.

Noch weniger Ergebnisse brachten die Ideen zu einem Wirtschaftsnationalismus oder einer staatlich gelenkten Wirtschaft: Der den Unternehmen auferlegte Anteil zur Beschaffung von Kapital und einheimischen Technikern wurde nicht erfüllt, das Fernmeldemonopol den Amerikanern überlassen, und die finanziellen Anreize für die andalusischen Häfen sowie zur geographischen Entflechtung der Industrien bewirkten nicht die geringste Änderung der spanischen Wirtschaftsstruktur und verärgerten Katalanen und Basken. Politikern und Militärs wurden hochdotierte Posten in der Wirtschaft angeboten, und die defizitären Eisenbahngesellschaften und Reedereien kamen in den Genuß von Subventionen. Die Tatsache, daß es verboten war, auf diese Mißstände hinzuweisen, ließ weitere und größere Skandale befürchten. Allmählich stellte sich jene Atmosphäre wieder ein, die die Diktatur eigentlich hatte bereinigen wollen.

Auf sozialem Gebiet hatte man nach italienischer Art die ›Aufhebung des Klassenkampfes‹ verkündet: Man bildete obligatorische, von Unternehmern und Arbeitern paritätisch besetzte Komitees in den Fabriken, hofierte die Reformisten Largo Caballero und Prieto und reglementierte die Nachtarbeit von Frauen. Doch die Arbeiter registrierten lediglich, daß die Löhne nicht der Kurve der spektakulären Unternehmergewinne folgten und daß Streiks verboten waren. Noch schlimmer war, daß das Agrarproblem vernachlässigt wurde. Will man den günstigsten Zahlen Glauben schenken, so investierte der Staat zwei Millionen Peseten in die Ansiedlung von 4000 Bauern auf 20 000 Hektar Land; andere sprechen von einer zehnmal kleineren Summe. In jedem Fall waren die Zahlen der anstehenden Reform in keiner Weise angemessen.

Die Regionalfrage wurde nicht mit Programmen, sondern mit Schikanen in Angriff genommen. In Katalonien zerschlug man die *Mancomunitat* von 1912. Rasch löste sich auch die Allianz der katalanischen und baskischen Führungsschicht auf, da ihr regionaler Patriotismus suspekt geworden war, und nunmehr die demokratische Opposition den Nationalismus auf ihre Fahnen geschrieben hatte.

Schließlich war das politische Scheitern nicht mehr zu übersehen. Die Imitation faschistischer Vorbilder war oberflächlich geblieben. Ohne den Charakter einer Massenpartei oder auf die Jugend zielende mystifizierende Propaganda hatten ›patriotische

Union‹ und Bürgermilizen einfach die alte Kazikenherrschaft abgelöst. Lange Zeit täuschte der General Optimismus vor, indem er abwechselnd den braven Mann spielte und dann wieder brüsk die Symbole der Männlichkeit beschwor. Primo de Rivera hatte Unamuno ins Exil geschickt, die Studentenführer von der Universität verwiesen und das Artilleriekorps aufgelöst. 1926 unternahm Maciá in Prats de Molló ein romantisch anmutendes sezessionistisches Abenteuer. In Ciudad Real kam es 1929 zu einem flüchtigen *pronunciamiento*, der ehemalige Ministerpräsident Sánchez Guerra unternahm in Valencia einen Umsturzversuch. Der Kurs der Peseta fiel, und weder die Geldgeber noch das Ausland gaben noch viel auf die Diktatur. Als er auch bei den Militärs kein Gehör mehr fand, trat Primo de Rivera am 30. Januar 1930 zurück und starb kurz darauf in Paris.

Der Sturz der Monarchie (1930-1931)

Das von General Berenguer ausgeübte halbdiktatorische Regime stellte nur eine Übergangserscheinung dar. Schnell erwachten die alten Parteien zu neuem Leben. Die Antimonarchisten unterzeichneten gemeinsam den ›Pakt von San Sebastián‹ zur Einführung der Republik. Für die Gemäßigten hatten Miguel Maura und Alcalá Zamora unterzeichnet, für die Radikalen Lerroux und Martínez Barrio; Azaña, Casares Quiroga, Alvaro de Albornoz und Marcelino Domingo repräsentierten die jüngeren Parteien, Nicolau d'Olwer und Carrasco Formiguera die republikanischen Katalanisten und Largo Caballero, Indalecio Prieto und Fernando de los Ríos die Sozialisten. Ein heikles Problem waren indes die Beziehungen des politischen Komitees zu den Gewerkschaften: Man wollte sich zwar mit ihnen verbünden, fürchtete sich aber davor, sie zu bewaffnen. Der November des Jahres 1930 war ein Monat großer sozialer Unruhe.

Am 12. Dezember kam es schließlich zu dem Ereignis, auf das alle warteten: Die Garnison von Jaca, verstärkt durch einige junge Enthusiasten, proklamierte die Republik und marschierte auf Huesca. Doch hatte sie vor dem vom Komitee festgelegten Zeitpunkt gehandelt. War dies die Folge tiefgreifender Uneinigkeit oder ein simples Mißverständnis? Wie dem auch sei: In Ayerbe stieß die Garnison mit gegnerischen Truppen zusammen, und die beiden Anführer, Galán und García Hernández, wurden füsiliert. Damit hatte die Republik ihre Märtyrer. Vergeblich versuchten die Piloten der Luftwaffe am 15. Dezember, die Bewegung erneut in Gang zu bringen. Das republikanische Komitee wurde inhaftiert.

Und doch war alles nur eine Frage der Zeit: »Die Krone muß der Wirklichkeit weichen«, forderte Sánchez Guerra, und die Parteien weigerten sich, unter einer Halbdiktatur an Wahlen teilzunehmen. So räumte Berenguer das Feld für das letzte, monarchistisch dominierte Kabinett La Cierva-Garciá Prieto-Romanones-Ventosa, das nun scheinbar unbedeutende Kommunalwahlen organisierte, bei denen die Hälfte der Dörfer Kaziken ohne Gegenkandidaten wählten. Aber die Wahlen vom 12. April in den Städten übertrafen alle Erwartungen, denn überall triumphierten die am weitesten links stehenden Gruppierungen. Am 14. April 1931 proklamierten Eibar, Barcelona und San Sebastián die Republik, in Madrid verhandelte Romanones mit Alcalá Zamora. Sanjurjo, der Befehlshaber der *Guardia civil*, konnte das Überleben des Regimes nicht mehr garantieren. Der König mußte sich folglich ins Unvermeidliche fügen und ins Exil gehen. Angesichts dieser friedlichen Revolution glaubten alte Republikaner und Intellektuelle, Spanien habe endlich zu wirklicher politischer Reife gefunden. Die Arbeiterschaft, die der Begriff ›Freiheit‹ traditionell berauschte, gab sich den größten Hoffnungen hin. Eines Tages sollte selbst der spätere Falange-Gründer José-Antonio Primo de Rivera dem 14. April eine einzigartige Bedeutung in der Geschichte Spaniens zugestehen. Die Idee, »daß sich etwas ändern muß«, schienen alle Spanier akzeptiert zu haben. Was jedoch de facto geändert werden sollte, darauf mußte die Republik Antwort geben.

Die Republik (1931-1936)

Die Diktatur hatte regiert und nichts verändert. Die Republik wollte zwar verändern, regierte aber nur mühsam. Zumindest schnitt sie bereits in ihren ersten beiden Jahren alle großen Probleme an, und die im Mai 1931 gewählten *Cortes constituantes* repräsentierten eine kohärente republikanische und sozialistische Mehrheit, so daß der Reformkurs gesichert schien.

1931-1933: Der *bienio*[100] der Reformen

Für die meisten Angehörigen der Verfassungsgebenden Versammlung – Intellektuelle, Juristen, erfahrene Politiker – standen die Probleme im Vordergrund, die die Geschichte des neunzehnten Jahrhunderts bestimmt hatten: Verfassung, Schule, Kirche und Armee.

Die spanische Verfassung nahm sich die demokratischste in ganz Europa zum Vorbild: die von Weimar. Spanien wurde zur ›Arbeiterrepublik‹ ernannt, was viele belustigte. Mit einem Einkammersystem, einer Regierung, die dem Parlament ständig verantwortlich war, und einem auf Frauen und Soldaten erweiterten Wahlrecht triumphierte der Parlamentarismus in Reinkultur. Allerdings spielte die Idee einer ›mäßigenden Staatsmacht‹ auch eine große Rolle: So konnte der Präsident der Republik das Parlament zweimal auflösen und mußte seine Entscheidung erst nachträglich rechtfertigen. Alcalá Zamora, der erste Präsident, sollte dieser politischen Ausgleichsfunktion des Staatsoberhauptes größte Bedeutung verleihen. Über Verstöße gegen die Verfassung urteilte ein *Tribunal de Garantías*. Die Regionen konnten um einen ›Autonomiestatus‹ ersuchen, ohne daß jedoch jemals von ›Föderalismus‹ die Rede war. Schließlich entsagte Spanien dem Krieg als Mittel der Politik und trat dem Völkerbund bei.

Die Gründer der Republik – Professoren, Studenten, Intellektuelle – beschäftigten sich auch mit dem Schul- und Bildungswesen. Die *Institución libre de Enseñanza* wurde zum Modell für Universitäten und höhere Schulen. Schwieriger gestaltete sich jedoch der Aufbau des Volksschulwesens. Um dieses nach Art der laizistischen Schulen Frankreichs zu reformieren, hätte es

27000 neuer Schulen bedurft, die Haushaltsmittel ermöglichten aber nur 7-8000. Es fehlte an Lehrern. Zudem war man bei dem Versuch, der Kirche ihre 600000 Schüler streitig zu machen, mit einer heiklen Grundsatzproblematik konfrontiert worden: der Religionsfrage.

Von der Kirche des *Ancien Régime* zum laizistischen System französischen Typs war es ein großer Sprung. Eine Trennung von Kirche und Staat, die dem Klerus freie Hand ließe, ohne ihm irgend etwas von seiner erworbenen Stärke zu rauben, hätten die an der Regierung beteiligten liberalen Katholiken akzeptiert. Die Republikaner aber sahen darin eine Gefahr und wandten auf Jesuiten, kirchliche Vereinigungen und katholische Bildungseinrichtungen Sondergesetze an, die an die französische Gesetzgebung erinnerten. Dies war der spanischen Tradition nicht völlig fremd, und trotzdem saß der Schock tief. Azaña erklärte, Spanien habe aufgehört, katholisch zu sein. Für die Antiklerikalen auf der mit dem Anarchismus liebäugelnden extremen Linken – die *jabalís* (Wildschweine) – gab in der Politik entweder Anhänger oder Gegner der *curas y frailes*[101]. Am 11. Mai 1931 steckte eine kleine Gruppe Klöster in Brand und knüpfte damit an eine jahrhundertealte Tradition an. Friedhöfe wurden der Verwaltung durch die Kirche entzogen, Kruzifixe aus den Schulen entfernt, was einen Sieg für die einen, unerträgliche Übergriffe auf die Freiheit für andere darstellte. Prälaten protestierten und wurden verfolgt, das Episkopat rief zur legalen Opposition auf – eine ernste Erschütterung für ein gerade eben errichtetes System, das zudem noch mit Aufgaben belastet war, die seine Kräfte überstiegen.

Auch stellte sich das Problem der Streitkräfte, da viele Militärs in ihrem Herzen Monarchisten geblieben waren. Um das Kastendenken in der Armee in Grenzen zu halten, bot Azaña den Offizieren, die darum nachsuchten, einen bezahlten Ruhestand an, und zehntausend nahmen diese Möglichkeit wahr, blieben jedoch grollend im Hintergrund. Ein anderer prekärer Fall war die *Guardia civil*, die man wegen ihrer Kampfstärke fürchtete und die im Volk verhaßt war. Da man nicht wagte, sie aufzulösen, stellte Azaña ihr eine ›Sturmgarde‹ aus sorgfältig ausgewählten Soldaten zur Seite.

Das Regionalproblem wurde gelöst, wenn auch nicht ohne Schwierigkeiten. Am 14. April hatte Maciá die katalanische Republik ausgerufen. Da dies jedoch über die Vereinbarungen des Paktes von San Sebastián hinausging, griff man bei den Verhandlungen als Kompromiß den alten Terminus der *Generalitat* wieder auf, und Katalonien stimmte nahezu einhellig für sein ›Statut‹. Es gab der Region eine eigene Regierung, ein Parlament, eine Verwaltung und Justiz, einen eigenen Haushalt sowie Kulturhoheit. Zwar waren die Katalanen bestens auf diese Erfahrung vorbereitet, doch Probleme im Bereich der öffentlichen Ordnung (sollte die Region über ihre eigene Polizei verfügen?) und der Übertragung von Verwaltungsbefugnissen führten dazu, daß sich die Kontroverse weiter hinzog. Die Basken begannen, ihr eigenes ›Statut‹ auszuarbeiten. Wie viele Regionen würden diesem Beispiel noch folgen? Selbst die Kastilier sprachen ironisch davon, ein Statut vorzulegen. Somit war der Unitarismus zu einer Plattform der Opposition geworden.

Die unteren Klassen Spaniens vertrauten darauf, daß sich mit der Republik in ihrem Leben etwas ändern würde, doch schon im April 1931 setzte die Kapitalflucht ein.

Die Agrarreform war die einzige ausdrücklich versprochene Strukturreform, aber auch hier herrschte keine Einigkeit über die zugrundeliegenden Prinzipien: »Das Land denen, die es bebauen«, forderten Anarchisten und Kommunisten; dagegen lautete die Devise der Sozialisten »Das Land dem Staat, die Bewirtschaftung den Bauernsyndikaten«; das Schlagwort der Liberalen war »Privatbesitz«, und die Katholiken plädierten für Familienbesitz und beträchtliche Entschädigungen an die Enteigneten. Solange die Auseinandersetzung andauerte, wurden provisorische Garantien gegeben wie das Verbot, Pächter zu vertreiben und Arbeitskräfte umzusiedeln oder Zuteilungen an Arbeitslose aus der Zivilliste des Königs.

Die Beratung in der zuständigen Kommission dauerte bis zum Mai 1932, die Parlamentsdebatte bis zum 15. September, dann folgte die Erfassung der Ländereien. Das daraufhin erlassene Gesetz fand einzig und allein in den Regionen des klassischen *latifundio* wie Andalusien, der Extremadura, La Mancha, Salamanca und Toledo Anwendung. Besitztümer, die eine bestimmte Größe überschritten – die Grenze lag zwischen 10 Hektar bei gutem, bewässerten Boden und 700 Hektar bei kargem Weidegrund – wurden enteignet. Die Entschädigungen betrugen je nach Vermögen fünf bis zwanzig Prozent des zu erwarten-

Maciá ruft 1931 die katalanische Republik aus

den Ertrages und wurden teils in bar ausgezahlt, teils in Schuldscheinen zu fünf Prozent, fällig in fünfzig Jahren. Aber auch die Bauern, die das Gesetz begünstigte (Tagelöhner, Kleinpächter oder Bauern mit ganz geringem Landbesitz), erhielten nur das Recht auf unveräußerlichen Nießbrauch und hatten eine geringe Abgabe an den Staat zu zahlen. Durch finanzielle Vorteile sollte vor allem eine kollektive Bewirtschaftung gefördert werden; das Institut für Agrarreform sowie die Provinz- und Gemeindekomitees setzten dieses Vorhaben in die Tat um. Zu diesem Zwecke waren Ende 1933 8600 Familien umgesiedelt, 89 000 Hektar Land enteignet und die vorübergehende Besitznahme einer ebenso großen Fläche gestattet worden. Das war nicht viel, und die Ereignisse fallen um so weniger ins Gewicht als sie auf die entschädigungslose Enteignung des grundbesitzenden Hochadels nach dem versuchten Militärputsch vom August 1932 zurückzuführen waren. Ohne diese wäre die Reform noch langsamer vorangeschritten.

Immerhin waren die Löhne gestiegen (der durchschnittliche Tageslohn belief sich nun auf fünf statt drei Peseten) und die Pachten gesunken. Doch der damit verbundene Sturz der Bodenpreise, das Warten auf die Reform und die Bauernunruhen hatten zur Aufgabe vieler Höfe geführt, wodurch die Arbeitslosigkeit wuchs. Die Sozialisten wollten die Ungeduld der Bauern in geordnete Bahnen lenken und gründeten den ›Landarbeiterbund‹, der nach nur zwei Jahren 392 000 Mitglieder zählte. Man verdächtigte sie jedoch, nur auf staatliche Unterstützung zu setzen. Andalusien blieb anarchistisch, und mit Landbesetzungen, Holzdiebstahl, Wilderei und bisweilen auch Brandstiftung nahmen die Unruhen hier wieder die Formen des neunzehnten Jahrhunderts an. Der tägliche Konflikt mit der Zivilgarde erreichte eine Härte, die die Öffentlichkeit alarmierte: In Castelblanco wurden Zivilgardisten umgebracht, in Arnedo schoß die Garde auf die Bevölkerung. Die Situation kulminierte am 12. Januar 1932 im andalusischen Casas Viejas, wo einundzwanzig Menschen bei der Niederschlagung eines anarchistischen Putschs ums Leben kamen, darunter zwölf auf ausdrücklichen Befehl exekutierte Gefangene. Dieses Mal war es das Werk der Sturmgarde, und Azaña wurde dafür verantwortlich gemacht. ›Casas Viejas‹ wurde so zu einem politischen Zwischenfall mit weitreichenden Folgen. Die zu bedächtig ausgeführte Agrarreform hatte die Bauern nicht für sich gewinnen können.

Die Arbeiter waren der Republik zunächst wohlgesonnen. Die Sozialisten stellten drei Minister, und die Gewerkschaftsführer Barcelonas, Pestaña und Peiró, hatten für die autonome Regierung Kataloniens unter Maciá stimmen lassen. Eine von den Genfer Direktiven inspirierte Sozialgesetzgebung wurde verabschiedet und eine Politik der hohen Löhne praktiziert. Aber 1931-1933 waren die Jahre der Weltwirtschaftskrise. Um die Produktion zu sichern, hätte man den Weg der Wirtschaftslenkung und der aktiven Geldpolitik einschlagen müssen, doch man setzte in der Finanzpolitik weiterhin auf Mittelstandskapitalismus liberaler Prägung. Ein solcher Widerspruch konnte nicht von langer Dauer sein, und als die sozialistische UGT die Forderungen der Arbeiter einschränken wollte, wurde sie von der anarchosyndikalistischen CNT als ›gelbe‹ Gewerkschaft beschimpft.

Bereits im Juni 1931 hatte Indalecio Prieto einen Streik niederschlagen lassen. Die Reaktion der CNT ließ nicht lange auf sich warten. Noch im Mai war die gemäßigte Gewerkschaftsführung Pestañas und Peirós durch einen Kongreß bestätigt worden, doch schon im Juni kritisierte man sie und im August geriet sie endgültig ins Abseits. Nach dem aufsehenerregenden ›Manifest der Dreißig‹ mußten Pestaña und Peiró die Führung der Gewerkschaftsbewegung an die *Federación Anarquista Ibérica* (FAI) abtreten, die nunmehr die Redaktion der Gewerkschaftszeitung *Solidaridad obrera* übernahm. Der Anarchist Durruti hoffte, aus dem Barcelona der Arbeiter »die geistige Hauptstadt der Welt« zu machen.

Die Regierung reagierte mit blutigen Unterdrückungsmaßnahmen. Im Juli 1931 starben in Sevilla die ersten Arbeiter, im September erwarb sich der Gouverneur Anguera de Sojo in Barcelona den Ruf eines neuen Martínez Anido, und das von ihm und Azaña ausgearbeitete ›Gesetz zur Verteidigung der Republik‹ setzte die liberalen Garantien der Verfassung außer Kraft. Über die Lohnfrage in der Textilindustrie (es ging darum, die Lohnskala von 12-30 auf 25-40 Peseten *pro Woche* hinaufzusetzen) entbrannte im Januar 1932 in den katalanischen Bergen eine Revolte: Dörfer proklamierten den ›libertären Kommunismus‹, die Armee stellte die Ordnung wieder her, und die Anführer wurden deportiert. Das ganze Jahr hindurch kämpfte die Arbeiterpropaganda verbissen gegen das ›Verteidigungsgesetz‹ und für die Deportierten. Die FAI setzte all ihre Erwartungen in einen Putsch. Ihr Versuch, im Januar 1933 einen erneuten Generalstreik mit den Unruhen auf dem Lande zu verbinden, war der Anlaß für das Drama von Casas Viejas. Nun begann eine psychologische Offensive gegen Azaña, und die Sozialisten wagten nicht mehr, bestehende Bündnisse mit ihm aufrechtzuerhalten. Isoliert sollten sie bei den Wahlen im November 1933 die Hälfte ihrer Abgeordneten verlieren, so daß der diesmal vom Volk unterstützte anarchistische Wahlboykott den rechten Parteien einen in diesem Ausmaß unerwarteten Erfolg sicherte.

Der politische Widerstand gegen Azaña und seine parlamentarische Mehrheit war über die Jahre stetig gewachsen. Die Opposition der Mitte vereinte die doktrinären Liberalen und die Anhänger einer konservativen Republik – zwei politische Einstellungen, die, obwohl sie es nicht immer zugaben, in den meisten Punkten übereinstimmten. Die Intellektuellen beklagten eine Wirklichkeit, die von ihren Träumen zu weit entfernt war, und Ortega und Unamuno füllten mit enttäuschten Artikeln die Zeitungen. Ein ›Republikaner der ersten Stunde‹, Lerroux, Antisozialist und reuiger Demagoge, für den ein Teil der öffentlichen Meinung eintrat, gab sich als der einzige aus, der in der Mitte regieren könne. Doch der sentimentale Traditionalismus und die Unruhe im Militär ließen gewalttätigere Formen der Opposition voraussahnen.

Erste Zeichen für die mangelnde Anpassungsfähigkeit der rechten Opposition an die parlamentarischen Spielregeln hatte es bereits gegeben, als diese in der Abstimmung über die Religionsgesetze geschlagen wurde und daraufhin die *Cortes* verließ. Seit 1931 kam es zu Verschwörungen von Generälen. Am 10. August 1932 erhob sich die Garnison von Sevilla unter der Führung von Sanjurjo, dem wegen des Zwischenfalls von Arnedo amtsenthobenen ehemaligen Befehlshaber der *Guardia civil*. Doch der Aufstand kam zu früh, und die Bewegung scheiterte in Madrid, was Azañas Position eine Zeitlang stärkte. Die in Agrarier, *Acción popular, Renovación Española*, Monarchisten, Traditionalisten u.v.a. gespaltene Rechte kehrte zur legalen Opposition zurück. Ihre ausschließlich negativen Parolen richteten sich gegen die Verfassung und den Laizismus, aber das Bindeglied blieb weiterhin das auf Tradition und Religion basierende ›schwarze Spanien‹, das vorwiegend landwirtschaftliche Interessen verfolgte. Der Klerus mobilisierte die Landbevölkerung und die weibliche Wählerschaft. Unter dem vordergründig brillanten José Maria Gil Robles wurde ein partieller Zusammenschluß in der ›Konföderation der autonomen Rechten‹ – *Confederación Española de Derechas Autónomas* (CEDA) – erreicht.

Zwischen Sozialismus und Anarchosyndikalismus angesiedelt, hatte sich der Kommunismus 1931 noch wenig hervorgetan.

Die kommunistische Partei Spaniens, Mitglied der III. Internationale, zählte zu dieser Zeit kaum 3000 Mitglieder, und ihre Chancen lagen vor allem in Asturien und im Baskenland. Doch sie war im Juli 1931 an den Straßenkämpfen in Sevilla beteiligt, und in Madrid gelang es ihr, einige junge Enthusiasten um sich zu scharen. Zudem war diese Zeit für die Partei eine Phase der Säuberungen und der Festigung ihrer Doktrinen (»Klasse gegen Klasse«). Als erste prangerte sie in ihrer Zeitung *Mundo obrero* »die bürgerliche Republik« an, doch mit der anarchistischen und sozialistischen Presse konnte das kleinformatige, unregelmäßig erscheinende und häufig verbotene Blatt nicht konkurrieren. In den ersten *Cortes* der Republik saß kein Kommunist, und die zum ›Arbeiter-Bauern-Block‹ *(Bloque Obrero y Campesino)* erweiterte *Federación Comunista Catalanobalear* der Arbeiterhochburg Katalonien war lediglich eine Splittergruppe, die mit der III. Internationale in heftigem Streit lag. Zwischen Anarchismus und Katalanismus rangierend, besaß sie zwar gute Propagandisten (Nin, Maurin, Arquet, Miravitlles) und eine aktive Presse, konnte aber 1931 nicht mehr als 10 000 Stimmen auf sich vereinigen.

So spielte der Kommunismus zwar – außer in der Vorstellungswelt und der Propaganda seiner Gegner – in der Republik keine führende Rolle, doch weil er zugleich Reformismus und apolitische Haltung anprangerte, sollte er schon bald all diejenigen anziehen, die vom System enttäuscht waren: junge Anarchisten und Sozialisten.

»Faschismus« war das Schimpfwort, mit dem die Linke jegliche Agitation von seiten der Rechten belegte. Gil Robles, der Deutschland besuchte, symbolgeladene Versammlungen organisierte und sich mit den Rufen »*Jefe, jefe*« (»Führer, Führer«) begrüßen ließ, lieferte dieser Anschuldigung weitere Nahrung. Radikalere Fraktionen im eigenen Lager taten ihn jedoch schon bald als Paragraphenreiter und parlamentarischen Schönredner ab.

Ihre Geburtsstunde hatte eine dieser Gruppen einen Monat vor dem 14. April mit der ersten Ausgabe von *La Conquista del Estado* von Ledesma und Giménez Caballero. Der Einfluß Hitlers ist hier unverkennbar, und an die Stelle des Rassismus tritt die Mystik der imperialen spanischen Vergangenheit. In der *Libertad* von Onésimo Redondo in Valladolid ist der kastilische

Unitarismus die Leitidee. Beide Tendenzen vereinigten sich in den *Juntas de Ofensiva Nacionalsindicalista* (JONS), wobei ›Syndikalismus‹ als ein spezifisch spanischer Begriff verstanden wurde. Das Joch und die Pfeile der Katholischen Könige als Symbol der Gruppierung wurde von einem Studenten aus Granada, Juan Aparicio, vorgeschlagen. Am 10. Oktober 1931 erschien das Programm der JONS, das Antiliberalismus, Antimarxismus, Antisemitismus, einen auf ›geschützte Körperschaften‹ gegründeten Staat, das Ideal der spanischen Tradition sowie Ansprüche auf Gibraltar und Tanger vertrat.

Die *Falange* von José-Antonio Primo de Rivera trat erst etwas später auf. Sie war aus kleinen monarchistischen Gruppen hervorgegangen, die die kritische Haltung des Parteiführers zur Diktatur seines Vaters teilten. Am 19. Oktober 1933 stellte José-Antonio im Madrider Teatro de la Comedia seine Doktrin vor: Die Devise lautete »weder rechts noch links«, weder Kapitalismus noch Sozialismus, sondern Revolution der »Lebensweise« und Ruf nach Heldentum. Spanien habe sich dem Kapitalismus, der Reformation und dem Liberalismus verweigert, es könne nun die »Revolution des zwanzigsten Jahrhunderts« leiten. Der Schlußappell war lyrisch, der junge Führer besaß ein gewisses Ansehen, und die Tatsache, daß er zu Gewalt greifen wollte, hatte in Spanien Tradition. Die Republikaner sorgten sich unterdessen nur wenig, denn die Gruppe war noch klein und wurde von der traditionellen Rechten abgelehnt. Gil Robles erschien ihnen als ernstzunehmenderer Gegner.

Die Ereignisse in Casas Viejas lieferten dem Widerstand gegen Azaña den entscheidenden Vorwand. Bei Nachwahlen im April 1933 und bei den Wahlen zum *Tribunal de Garantías* im September verloren die Regierungsparteien, woraufhin Präsident Alcalá Zamora den Ministerpräsidenten zum Rücktritt zwang. Da eine Regierungsbildung unter Lerroux nicht zustande kam, wurde schließlich im Oktober 1933 Martínez Barrio mit der Bildung eines Übergangskabinetts beauftragt, was die Auflösung der *Cortes constituantes* zur Folge hatte. Azaña, der das Land noch hinter sich glaubte, hatte zuvor ein deutliche Mehrheiten begünstigendes Wahlgesetz verabschieden lassen, das nun zusammen mit dem Wahlboykott der Anarchisten das Ausmaß des Stimmungsumschwungs noch verstärkte. Mit 200 Sitzen für die rechten Parteien und 150 für das um Lerroux gebildete Zentrum kündigte sich eine heftige Reaktion gegen den ersten *bienio* an.

1934–1936: Der *bienio* der Reaktion oder *bienio negro*

Die Rechte hatte sich, um eine Spaltung zu vermeiden, nicht für die Republik ausgesprochen. Die öffentliche Meinung ließe nicht zu, hieß es in der republikanischen Presse, daß man das Regime seinen Feinden ausliefere. So regierte Lerroux, der nach den Wahlen die erste Regierung bildete, ohne die Rechte, wohl aber unter ihrem Druck. »Wir werden die Macht übernehmen, wenn wir es wollen«, erklärte Gil Robles auf einer Versammlung im Escorial. Der Radikale Martínez Barrio kritisierte nun Lerroux, trennte sich im April von ihm und bewirkte im Sommer die Spaltung der Partei. Besorgt über Gil Robles' Auftritt im Escorial und getreu seiner Funktion als Moderator weigerte sich der Präsident der Republik, die Militärs, die sich im August 1932 erhoben hatten, wieder in ihre Posten einzusetzen. Angesichts der gespannten Atmosphäre trat Lerroux die Macht an den zweitklassigen Radikalen Ricardo Samper ab.

Die soziale Unruhe begann schon mit den Wahlen. Im Dezember 1933 erschütterte ein ›anarchistisch-kommunistischer‹ Putsch Aragón und die Extremadura, und die im Prinzip aufgelöste CNT rief zu Streiks auf. Im April und Mai wurde Zaragoza durch einen Generalstreik lahmgelegt, der großes Echo in den anderen Städten mit starkem Arbeiteranteil fand. Grund war die immer unerträglicher werdende soziale Lage mit 600 000 Arbeitslosen. Die UGT optierte für Largo Caballero und gegen Julián Besteiro, also für eine revolutionäre Taktik. Die Ereignisse um die gewaltsame Ausschaltung der Sozialdemokraten, die Österreich im Februar 1934 erschütterten, sowie die Wende der Volksfront in Frankreich übten ihren Einfluß aus, und immer lauter wurde die Forderung nach ›Arbeiterallianzen‹. Schließlich räumte selbst Prieto ein, daß der Einheitsdrang aus dem Volk kam.

Doch da von den 600 000 Arbeitslosen 400 000 Bauern waren, wurde die agrarische Föderation unruhig. Im Februar hatte man in einer gegen sie gerichteten Aktion die ›paritätischen Komitees‹ neu strukturiert und angeordnet, daß das vorübergehend besetzte Land wieder zu verlassen sei. Im Mai wurden sowohl die Enteignung der spanischen Granden als auch die Gesetze, die Pachten und Löhne regelten, zurückgenommen. Als die Bauern einen Erntestreik unternahmen, trat ihnen die Regierung mit Waffengewalt entgegen, und trotz der Versicherung »es würde nichts geschehen«, gab es Tote.

Zur gleichen Zeit erwachte der regionale Konflikt zu neuem Leben. Maciá war 1933 gestorben, aber auch ohne ihn wurde die linke Mehrheit bei Kommunalwahlen in Katalonien bestätigt. Im Gegensatz zu Madrid war die *Generalitat* zu einer Bastion der Republik geworden, die die sozialen Forderungen der Anhänger der dominierenden Partei (der *Esquerra catalana*) – in der Hauptsache Angestellte und Pächter – unterstützte. Im April 1934 machte es ein Gesetz zur Regelung von Pachtverträgen in bestimmten Fällen zur Pflicht, Ländereien den Pächtern zu überlassen, die den Wunsch äußerten, diese zu erwerben. Die Grundbesitzer ließen das Gesetz von der *Lliga Regionalista* beim *Tribunal de Garantías* als verfassungswidrig erklären, der Gerichtshof annullierte es, und das katalanische Parlament beschloß es erneut. Nun wurden auch die Basken unruhig und schrieben ihrerseits gesetzlich nicht genehmigte Kommunalwahlen aus.

Am Ende der Parlamentsferien wurde die Regierung Samper gestürzt, und Lerroux, mit der Bildung des neuen Kabinetts beauftragt, berief auch drei Mitglieder der CEDA. Das erwartete Kräftemessen hatte begonnen.

Azaña appellierte, »alle Mittel zur Verteidigung der Republik einzusetzen«, Martínez Barrio und Sánchez Román verweigerten dem Kabinett jegliche Mitarbeit, und selbst der gemäßigte Miguel Maura schimpfte über »die verunstaltete Republik«. Doch es blieb nicht bei verbalen Mißbilligungen; im Oktober 1934 kam es zur Revolution in Katalonien und Asturien.

In Katalonien ging die Bewegung von oben aus und scheiterte rasch. Companys, der Nachfolger Maciás in der *Generalitat*, war Schirmherr eines Generalstreiks, der am 5. Oktober von der UGT, dem Angestelltenverband CADCI, den nicht orthodoxen Kommunisten und den nationalistischen Jugendverbänden Kataloniens getragen wurde. Als Companys ohne große Überzeugung den »katalanischen Staat innerhalb der föderativen Republik« proklamierte, genügten dem Garnisonskommandanten General Batet 500 Mann und einige Kanonensalven, um die Aufständischen, die sich mehr schlecht als recht verschanzt hatten, zur Aufgabe zu zwingen. Auf dem Lande kam es zu blutigen Zwischenfällen, aber nicht zum Aufstand. In Madrid sah sich Lerroux, den die *Falange* nun bejubelte, durch die Ereignisse gestärkt, und Gil Robles bekannte sich endlich zur Republik.

In Asturien hingegen war die von unten ausgegangene Bewegung durch revolutionäre Einheit und Bewaffnung der Arbeiter gekennzeichnet. Anarchisten aus Gijón, sozialistische Bergleute und Kommunisten, deren Einfluß stetig wuchs, vergaßen in der ›Arbeiterallianz‹ ihre Querelen und begannen am 5. Oktober den Aufstand, dessen Zentrum die Bergwerke von Mieres bildeten. Zuerst fielen die Armee- und Polizeikasernen, dann die Waffenfabriken von Trubia und la Vega. Oviedo wurde von 8000 Bergleuten erobert, doch die Armee leistete Widerstand, und die Luftwaffe kam zum Einsatz. Neun Tage lang lebten Stadt und Region unter einer strikt revolutionären, militärischen und wirtschaftlichen Führung. Doch schon bald waren sie isoliert. Armee und Zivilgarde kamen über die Pässe, und die marokkanischen Regimenter des Generals López Ochoa landeten an der Küste, so daß sich die Revolutionäre in die Dörfer und Berge verstreuen mußten. Die Episode hatte zwei Wochen gedauert.

Ein Jahr lang sollte die regierungsnahe Presse tagtäglich das Thema der von Revolutionären begangenen ›Scheußlichkeiten‹ auswalzen, während hinter vorgehaltener Hand schreckliche Berichte über die staatlichen Vergeltungsmaßnahmen kursierten. Spanien hatte seine ›Commune‹ erlebt – Schreckensbild für die einen, für die anderen ein begeisterndes Symbol des Heldenmuts und des unglücklichen Schicksals der Arbeiter.

Doch warum schlug bei den Wahlen vom Februar 1936 das Pendel zurück zur äußersten Linken?

Schuld daran war neben der allgemeinen Wirtschaftsflaute, die durch eine Deflation noch verschärft wurde, die soziale Reaktion. Der auf die Oktober-Ereignisse folgende Ausnahmezustand führte zur Entlassung von Arbeitern und zu Lohnsenkungen. Auf dem Lande, vor allem in Katalonien, nahm die Vertreibung von Pächtern den Charakter von Vergeltungsmaßnahmen an. Die Agrarreform wurde gestoppt. Noch mehr überraschte der Beschluß einer beträchtlichen Entschädigung – etwa 230

Millionen Peseten – an die 1932 enteigneten spanischen Granden. Die linken Parteien erklärten die Maßnahme für ungesetzlich, und die Bauern, die darüber ihre Enttäuschungen des ersten *bienio* vergaßen, schlossen sich massenhaft der ›Volksfront‹ an.

In nur anderthalb Jahren gab es sieben Kabinette – ein Paradox unter einer ultra-parlamentarischen Verfassung. Dies war das Werk des Präsidenten Alcalá Zamora, der Lerroux nicht leiden konnte und Ausschreitungen der rechten Gruppierungen fürchtete.

Die psychologischen Auswirkungen der Repression vom Oktober 1934 erwiesen sich für die Rechte als fatal. Sie hatte unerbittliche Härte und das Rollen einiger Köpfe verlangt. Als die Presse wieder berichten durfte, wurde offenbar, welche Tragödie das Volk durchlebt hatte. Die Wirkung des Feldzuges gegen die Aufständischen verkehrte sich ins Gegenteil, und die Revolte wurde glorifiziert. Von nun an waren die *Guardia civil* sowie die maurischen Soldaten das Schreckensbild.

Die Skandale um Lerroux taten ein übriges, um die Rechte zu diskreditieren. Lerroux' Umgebung genoß einen schlechten Ruf, der durch zwei Skandale – Korruption bei der Erteilung einer Spielbanklizenz und überzogene Entschädigungszahlungen in einer Kolonialangelegenheit – noch verstärkt wurde. Noch schwerwiegender war, daß man hohe staatliche Posten (darunter die katalanische *Generalitat*) Personen mit mehr als zweifelhaftem Ruf anvertraut hatte.

Gil Robles blieb eine zwielichtige Gestalt. Er hatte sich den Monarchisten durch seine Zustimmung zur Republik, den Faschisten durch seinen Parlamentarismus entfremdet. Doch auch den Republikanern blieb er suspekt. Warum hatte er das Kriegsministerium für sich gefordert, und was heckte er nun dort mit Franco, seinem Generalstabschef, aus? Warum übertrug man den Jugendverbänden seiner Partei hier und dort Aufgaben der bewaffneten Polizei? Und warum konzentrierte sich der Wahlkampf allein auf seine Person, mit Führer-Rufen und mit vier Stockwerke hohen Porträts?

Aus diesem Bündel von Faktoren erklärt sich die erneute Popularität Azañas und der Sieg seiner ›Volksfront‹, die sich auf der Basis eines zwischen Juni und August 1936 in Verhandlungen von Gewerkschaften und linken Parteien erarbeiteten 14-Punkte-Programms konstituiert hatte. Und trotzdem bereiteten die Wahlen vom 16. Februar 1936, die dritten in sechs Jahren, eine große Überraschung.

Februar–Juli 1936: Von den Wahlen zum *pronunciamiento*

Eigentlich hatte man der Linken, deren Aktivisten im Gefängnis saßen, deren Bürgermeister amtsenthoben waren und die nur einen kurzen Wahlkampf führen konnten, nur wenig Chancen eingeräumt. Die Staatsorgane unterstützten das Zentrum. Die Rechte hatte eine spektakuläre Mobilisierung »gegen die Revolution« durchgeführt, angekündigt, sie hoffe auf dreihundert Abgeordnete, und sich geweigert, das Wahlgesetz zu ändern, das lokale Mehrheiten begünstigte. Schon im ersten Wahlgang konnte sich die Volksfront die Mehrheit sichern, eine gewaltige Umkehrung der Kräfteverhältnisse, die im zweiten Wahlgang bestätigt wurde. Die symbolträchtigen Gespanne Gil Robles-Calvo Sotelo in Madrid und Lerroux-Cambó in Katalonien waren geschlagen. Die Verwirrung war so groß, daß die Macht innerhalb von vierundzwanzig Stunden an Azaña übergeben wurde. Provinzgouverneure traten zurück, ohne die Ernennung eines Nachfolgers abzuwarten. Das Scheitern der Losung »gegen die Revolution« verlieh den Wahlen, die die Linke mit einem gegenüber 1931 deutlich gemäßigteren Programm gewann, eine revolutionäre Bedeutung.

Über das ganze Land verbreitete Unruhen waren die Antwort auf diese Überraschung. In den Dörfern meinte man, »die Pfaffen hätten verloren« und man müsse nun ihre Freunde entwaffnen und sich für ihre Schikanen rächen, daher die zahlreichen Angriffe auf Kirchen, Klöster und Zentren der katholischen Volksaktion. Auch die Bauernunruhen lebten wieder auf: Die verjagten Pächter kehrten auf ihr Land zurück, und die Agrarreform wurde spontan wieder in Angriff genommen. In drei Monaten verteilten die Provinzen Toledo und Badajoz 250 000 Hektar Land – mehr als in ganz Spanien seit 1900 verteilt worden war. Ganze Dörfer gerieten mit der *Guardia civil* aneinander. In den Städten richtete sich die Bewegung auf andere Ziele: Freiheit für die 30 000 Gefangenen sowie Entschädigungen für die erlittenen Repressalien.

Gil Robles und Calvo Sotelo zeichneten ein düsteres Bild der Situation, dem die äußerste Linke entgegenhielt, die »Oktoberschlächter« sollten besser den Mund halten. Tatsächlich wollte die Regierung vor allem ein neues Casas Viejas verhindern; schon der geringste Befehl an die Streitkräfte, hart vorzugehen, mußte zur Tragödie führen. Azaña wollte sich nicht noch einmal vom Volk entmachten lassen, trotzdem folgte er den Ereignissen, anstatt sie zu lenken. Faschistische Formationen griffen zur Methode der *pistoleros*[102]: Der sozialistische Vizepräsident der *Cortes* wurde tätlich angegriffen und der Richter, der die Angreifer verurteilte, ermordet. Im Parlament wie auf der Straße hielten wieder die Gewohnheiten des neunzehnten Jahrhunderts ihren Einzug. Alcalá Zamora, der Präsident der Republik, der zuletzt niemanden mehr zufrieden gestellt hatte, wurde gestürzt. Doch indem die Linke Azaña an seine Stelle setzte, verlor sie ihren einzig möglichen Ministerpräsidenten.

Wieder einmal konspirierten die Generäle – seit 1931 taten sie dies unaufhörlich. Als jedoch die Kommunisten die Verhaftung der verdächtigsten unter ihnen (Godet und Franco) forderten, zog es die Regierung vor, den einen auf die Kanarischen Inseln, den anderen auf die Balearen strafzuversetzen: klassisches Vorspiel eines jeden *pronunciamiento*. Dabei hatte Ministerpräsident Casares Quiroga zuvor erklärt, er »führe Krieg gegen den Faschismus«. Es bestanden kaum Zweifel, daß er von einer Verschwörung wußte, doch er tat sie als ›Kaffeehausgerüchte‹ ab. In dieser Situation wurde am 12. Juli der Oppositionsführer Calvo Sotelo von Polizeioffizieren angeblich aus Rache für den Mord an einem republikanischen Kameraden ermordet. Spätestens jetzt hätte die Regierung Verantwortung übernehmen müssen, doch sie wagte nicht einmal, bei der Beerdigung der beiden Opfer die Gegendemonstrationen zu verbieten. So kam es am 18. Juli zur militärischen Erhebung.

Der Bürgerkrieg (1936-1939)

Vom *pronunciamiento* zum Bürgerkrieg

Seit Monaten konspirierten Offiziere unter der Führung von Sanjurjo, dem ins Exil gezwungenen Verantwortlichen für das letzte Komplott, der eine enge Beziehung zu dem ermordeten Calvo Sotelo unterhielt. Verbindungen bestanden zu den Garnisonen, den Parteien sowie zum Ausland (Deutschland, Italien und sogar England). Ursprünglich wollte man im Mai, dann Ende Juli losschlagen, beschloß aber letztlich, von der moralischen Wirkung des Mordes an Calvo Sotelo zu profitieren. So gab am 17. Juli die Marokkoarmee, die sich bisher immer als zuverlässiges Werkzeug erwiesen hatte, das Signal, und am 18. Juli ergriffen die in Ungnade gefallenen Generäle Godet und Franco – der eine auf den Balearen, der andere auf den Kanarischen Inseln – vor Ort ihre Maßnahmen und begaben sich daraufhin an die strategisch günstigen Plätze Barcelona und Marokko. An diesem Tag ›erklärten sich‹ alle Garnisonen, begaben sich auf die Straße und riefen den Kriegszustand aus. Doch der technisch gut durchgeführte *pronunciamiento* konnte die aktiven Gruppen der Nation politisch nicht für sich gewinnen, und so kam es zu Revolution und Bürgerkrieg.[103]

Der Staatsstreich war insofern ein Erfolg, als er die Republik fast aller Offiziere beraubte – keine Regierung des neunzehnten Jahrhunderts hat in einem vergleichbaren Fall standhalten können. Trotzdem scheiterte er zunächst, weil die Armee die Staatsgewalt nur in einem begrenzten Teil des Territoriums wiederherstellen konnte. Im restlichen Land wurden die aufständischen Militärs durch die Bevölkerung entwaffnet, so daß sich die Regierung trotz des Verlusts der Armee nicht geschlagen gab. Ebenso wie der Parlamentarismus von 1932 nicht in der Lage gewesen war, ohne die Massen zu regieren, war der Militärputsch unfähig, sich gegen sie durchzusetzen.

Zum ersten Mal in der spanischen Geschichte nahmen die einfachen Soldaten eine prominente Stellung innerhalb der Armee ein. Bei der ersten sich bietenden Gelegenheit liefen sie in

General Franco und seine maurische Garde

Madrid, Valencia und Barcelona zur Menge über. In vier von fünf Marineeinheiten richteten die Matrosen und Unteroffiziere ihre aufrührerischen Vorgesetzten hin und nahmen deren Platz ein. Auch die Bevölkerung stellte keine konturlose Masse mehr dar: Als sich die Staatsgewalt bereit erklärte, ihre Hilfe anzunehmen, bildeten Parteien, Gewerkschaften und Jugendverbände einen organisatorischen Rahmen für die Kämpfer aus dem Volk. Außerdem schlossen sich regionale Blöcke gegen den *pronunciamiento* zusammen. Weil sie die Legalität auf ihrer Seite hatte und gegen sich das ›schwarze Spanien‹ der Priester und Generäle, den Alptraum des Liberalismus, besaß die Regierung sogar die – zumindest moralische – Unterstützung der Mittelschichten.

Doch auch wenn das ›schwarze Spanien‹ nicht mehr die Bevölkerungsmehrheit repräsentierte, war es gleichwohl nicht verschwunden. General Mola mobilisierte die Reste des alten Karlismus. Die Klöster gaben den Aufständischen Asyl und predigten den ›Kreuzzug‹. Die rechten Parteien waren bereit, ihre Stellung wiedereinzunehmen, die sie während des *bienio negro* innegehabt hatten, und ihre von Gil Robles enttäuschten Jugendorganisationen liefen zu den Faschisten über. Das war kein oberflächlicher Kampf zwischen Minderheiten mehr, sondern der Bürgerkrieg.

Die militärischen Operationen

Schon seit dem 21. Juli zeichnete sich eine für die Regierung günstige militärische und geographische Aufteilung ab. Von Marokko, den Kanarischen Inseln und den Balearen abgesehen, kontrollierten die Aufständischen nur die Berge Aragóns, Navarras und Galiciens, die Hochebene Altkastiliens mit einem im Süden bis nach Cáceres reichenden Keil sowie die andalusische Küste von Algéciras bis nach Huelva. Zunächst ging es bei den militärischen Operationen nur darum, die Abschnitte des derart aufgeteilten Territoriums zu vereinigen.

Zwar konnte die aufständische Region Navarra-Kastilien Krieg führen, eine Entscheidung zu ihren Gunsten war jedoch abhängig von der Intervention der marokkanischen Stoßtrupps. Nun versperrte aber die republiktreue Marine die Meerenge von Gibraltar. Hier fand Franco, der nach dem bei einem Flugzeugabsturz umgekommenen Sanjurjo zum Führer der südlichen Zone aufgestiegen war, Unterstützung von außen: Es gelang ihm, Transportflugzeuge zu kaufen, während sich in Tanger die Versorgung der Regierungsflotte verzögerte, so daß italienische Bomber diese zum gewünschten Zeitpunkt auseinandertreiben konnten. Einige Lufttransporte und eine Landung in Algéciras lösten für Franco den größten Teil des Problems. Am 14. August marschierte die marokkanische Kolonne von Yagüe in Badajoz ein und richtete ein Blutbad an. Die Nord-Süd-Verbindung war damit hergestellt. Unterdessen hatte Mola im Norden Irún angegriffen, dessen Eroberung am 15. September das baskisch-asturische Gebiet isolierte. In Ermangelung eigener Stoßtrupps vergaben die Republikaner ihre erste Chance in diesem Kampf, die darin bestanden hätte, den Gegner räumlich zersplittert zu halten.

Madrid zu besitzen, konnte den Sieg bedeuten. Yagüe begann mit dem Vormarsch auf die Hauptstadt unmittelbar nachdem er am 27. September den Alcázar von Toledo befreit hatte. Ende Oktober war die Hauptstadt von drei Seiten eingeschlossen; am 6. November verließ die Regierung die Stadt; am 7. standen die Mauren an den Brücken des Manzanares; am 9. fand schließlich der Sturmangriff statt, der jedoch überraschend scheiterte. Von überall her war Verstärkung in die Stadt geströmt, und die internationalen Brigaden hatten die Verteidigung durch ihre Kampferfahrung von 1914 gestärkt. Die Front war stabilisiert. Nach zwei weiteren gescheiterten Versuchen wurde Madrid nicht mehr angegriffen[104].

Die Offensive gegen die baskisch-asturische Zone begann am 31. März 1937. Durango und Guernica wurden bombardiert und am 19. Juni wurde der Befestigungsring um Bilbao gesprengt. Die Republikaner reagierten mit Ablenkungsangriffen in der Umgebung von Madrid (Brunete, 5.-24. Juli) und in Aragón (Belchite, 3. September). Im August nahmen die italienischen Hilfstruppen Santander ein, Asturien fiel im Oktober. Die Regierung kontrollierte jetzt nur noch ein Drittel des Territoriums, auf dem allerdings die Hälfte der Bevölkerung lebte; die wirtschaftlichen Schwierigkeiten vergrößerten sich dadurch noch zusätzlich. Die Kriegsführung blieb jedoch weiterhin möglich.

Das Jahresende 1937: Die Einnahme Teruels durch die republikanische Seite verhinderte eine große nationalistische Offensive, die Katalonien isolieren und Madrid vom Meer abschneiden sollte, bis März 1938. Doch schon im April 1938 hatten die Franco-Truppen das erste dieser Ziele erreicht und Katalonien an der Ebromündung von Valencia getrennt. Beim Marsch auf Valencia im Mai und Juni ließen sie Castellón hinter sich, wurden jedoch jäh gestoppt, als am 24. Juli die Regierungsarmee am Ebro zur Offensive überging. Die nun folgende, den ganzen Sommer andauernde Artillerie- und Abnutzungsschlacht erinnerte an die Schlachten des Ersten Weltkriegs. In ihr rieb sich die republikanische Armee Kataloniens auf (man spricht von 80 000 gefallenen Republikanern), die im November Meter für Meter auf das andere Flußufer zurückgeworfen wurde. Die krönende Offensive folgte schließlich im Dezember 1938.

Eine neue Art der Kriegsführung brachte die entscheidende Wende. Angriffe mit Luftunterstützung schufen zwei Frontlücken, die dank motorisierter, den Gegner im raschen Vormarsch überrennender Einheiten ausgenutzt werden konnten. Die überraschte und zudem schlecht ausgerüstete republikanische Armee mußte zurückweichen, wollte sie nicht Gefahr laufen, eingekreist zu werden. Am 26. Januar 1939 fiel Barcelona, und im Februar war der Feldzug beendet. 400 000 Menschen flüchteten nach Frankreich, und die Regierung Negrín kehrte nach Valencia zurück, einzig von den Kommunisten unterstützt bei der Fortsetzung ihres Kampfes. Die Einnahme Madrids am 28. März 1939 setzte schließlich dem Bürgerkrieg ein Ende.

Die Umstände des Krieges

Der Übergang von einem vor allem durch Aufstände und Guerillas gekennzeichneten Krieg zu einer modernen Kriegsführung hing gleichermaßen von militärischen wie sozialen, von nationalen wie internationalen Bedingungen ab. Da sich bei den Aufständischen die Stoßtrupps als nicht ausreichend erwiesen hatten, machte man mobil und erhob junge Männer aus der Oberschicht in den Offiziersrang. Doch wäre die siegbringende Modernisierung der Armee, die weder über Material, Marine oder Industrie verfügte, ohne ausländische Hilfe nicht möglich gewesen. Die Republikaner konnten auf ein großes Potential an glühenden Anhängern, auf die Marine und die Industrieregionen zurückgreifen. In einem spanischen Krieg alten Typs wäre ihnen die Überlegenheit sicher gewesen, wenn sie Zeit gewonnen hätten, um eine Armee zu reorganisieren. Doch die Offiziere, selbst die loyal gebliebenen, waren suspekt und die gebildete Jugend wenig zuverlässig, so daß man allein auf die Begeisterung der Aktivisten angewiesen war. Bei diesen jedoch mußte zunächst der anarchistische Mythos der Disziplinlosigkeit überwunden werden (»Milizionäre ja, Soldaten nein«), der lange Zeit die Mobilisierung und ein einheitliches Kommando verhindert hatte. Die Armeen der Anfangszeit waren ein seltsames Produkt der Revolution; sobald es zum wirklichen Kampf kam, brauchte man etwas anderes. Die größte Organisationsarbeit leisteten hierbei die Kommunisten mit ihren Eliteregimentern, Offiziersschulen und der Unterstützung, die sie hervorragenden, aus dem Volke stammenden Generälen wie etwa Líster zukommen ließen. Leider wurden die Ergebnisse erst im Jahre 1938 unter Negrín spürbar, als die guten Truppen bereits verschlissen waren, die Etappe schlecht versorgt und die Fabriken im isolierten Katalonien unfähig, dem von außen gekommenen Material, welches das Gesicht des Krieges grundlegend verändert hatte, modernes Material entgegenzusetzen.

Es war vor allem die ausländische Intervention, die die Verwandlung des Krieges bestimmte. Theatralisch hatte das Italien Mussolinis eingegriffen. Seine Flugzeuge sicherten Franco die Meerenge von Gibraltar und Mallorca, und seine Soldaten nahmen an den Schlachten bei Málaga, Guadalajara, im Norden, bei Tortosa sowie am letzten Feldzug teil. 70 000 ›Freiwillige‹ wurden zur Hälfte von Franco, zur Hälfte von Mussolini bezahlt. Hitlers Hilfe war zwar diskreter, dafür aber auch egoistischer und blieb rein technisch und fest in deutscher Hand: Für eine Zeit von sechs Monaten kamen geheim einberufene Verbindungs- und Nachrichtentechniker, Flakspezialisten und Piloten zur praktischen Ausbildung und zum Training nach Spanien. 1940 zählten deutsche Luftwaffenpiloten die spanischen Siege in ihren Erfolgsstatistiken mit. In technischer Hinsicht stellte der mit Hilfe motorisierter Einheiten geführte Vorstoß in Katalonien eine für die Polen- und Frankreichfeldzüge notwendige Erfahrung dar.

Im republikanischen Lager sprach man hingegen nur von der russischen Unterstützung, die in der Entsendung von wenigen Technikern und reichlich solidem, aber veraltetem Material bestand, wobei der Versand durch die vielen Stationen und die große Entfernung noch zusätzlich behindert wurde. Anfangs hatten die Republikaner auf England und Frankreich gebaut. Aber Chamberlains politisches System und englische Finanzinteressen sowie ein wahrer moralischer Bürgerkrieg in Frankreich führten auf der einen Seite zu dem wirkungslosen juristischen Konstrukt der ›Nichtintervention‹, auf der anderen zu einem Kampf zwischen Propagandisten und politischen Organen, zu verdeckten Geschäften und gegensätzlichen Tendenzen im Beamtentum. Zwar konnten die Republikaner Freiwillige rekrutieren und – wenn auch nicht ohne Hindernisse – Ausrüstung erwerben, der massiven italienisch-deutschen Intervention vermochten sie jedoch nichts entgegenzusetzen.

Innere Entwicklung der beiden Spanien (1936-1939)

In der republikanischen Zone kam es am 18. Juli zur für Spanien klassischen Zersplitterung der Staatsmacht. In Aragón und in Oberkatalonien lebten die Erfahrungen des Kantongeistes von 1873 wieder auf. Die katalanische Regierung billigte angesichts der bewaffneten Arbeiterschaft eine syndikalistische – aber keine marxistische – Revolution. In Madrid versuchte Giral die Legalität zu retten, später bemühte sich Largo Caballero in Valencia, wo die überwiegende Mehrheit der Bevölkerung kommunistisch oder sozialistisch war, eine revolutionäre Koalition herbeizuführen. Nach einigen vorsichtigen Versuchen fand der Wille, eine neue Autorität zu schaffen, seine Verkörperung in dem sozialistischen Akademiker Negrín. Dieser stützte sich auf die kommunistischen Organisationen, die wegen ihrer Disziplin, ihrer Verdienste im Krieg und wegen des Ansehens der russischen Helfer an Boden gewannen. Die im Mai 1937 stattfindenden Straßenkämpfe in Barcelona gegen eine linksradikale Bewegung, die Einsetzung Negríns in Barcelona im September sowie der Prozeß gegen die POUM (kommunistische Dissidenten) sind die Etappen dieser Entwicklung. Als die Ressourcen ausgingen, triumphierte die Disziplin. Nach dem Fall Kataloniens wurde Negrín in Madrid von einer Koalition aus Gemäßigten, Anarchisten und militärischen Führern gestürzt.

Francos *movimiento* war politisch leichter zu lenken. Nicht daß er weniger vielfältig gewesen wäre, aber die konservativen Massen akzeptierten die Autorität der Geistlichkeit und der Armee; von den Querelen an deren Spitze wußten sie nichts. General Franco, der durch den Tod Sanjurjos, Calvo Sotelos, José-Antonios und schließlich Molas an die Spitze der Bewegung gelangt war, hatte das Glück, sich an einem Schnittpunkt verschiedenster Tendenzen zu befinden, und das Geschick, sich dort halten zu können. Indem er die Propaganda und eine ganze Reihe lokaler Verantwortlichkeiten den jungen Faschisten überließ, beruhigte er die Kirche, die Traditionalisten sowie die Vermögenden und konnte sich ganz auf die Armee konzentrieren. Er benötigte lange Zeit, um dem Regime klarere Formen zu geben.

Im Oktober 1936 wurde eine klassische Verteidigungsjunta durch den Generalissimus Franco und seine technische Junta ersetzt. Die Verhandlungen zur Bildung einer Einheitspartei mit dem komplizierten Namen: FET y de las JONS *(Falange Española Tradicionalista y de las Juntas de Ofensiva Nacional Sindicalistas)* dauerten bis zum April 1937. Im August 1937 wurde Franco zum *Caudillo*[105] und gleichzeitig zum Staatschef ernannt. Im Januar 1938 wurde die Junta zum Kabinett, die grundlegenden Gesetze des Regimes stammen jedoch vornehmlich aus der Zeit nach dem Bürgerkrieg.

Francos Stärke bestand darin, daß die konterrevolutionäre Koalition in Spanien wie im Ausland gefestigt blieb: Trotz einiger Skrupel arrangierte sich die Kirche mit der faschistischen Aktion, und das ausländische Kapital unterstützte Franco finanziell. Hinter dieser moralischen und finanziellen Unterstützung verbarg das Regime die brutalen Methoden, mit denen es im Innern vorging, und bereitete ein doppeltes Spiel auf internationaler Ebene vor.

Es wäre absurd, Gewalttaten zu unterschätzen, deren Erinnerung noch immer das Bewußtsein des Spaniers bestimmt. Die Gewalt bei den ›Roten‹ war schrecklich, weil sie ungeordnet verlief, bei den ›Weißen‹, weil sie gewissenhaft und auf Befehl verübt wurde. Trotzdem müßten die Urteile über sie in vielen Fällen revidiert werden.

Auch darf man nicht vergessen, daß bestimmte Aspekte der Ereignisse dem spanischen Wesen eigentümlich waren: So gab es wieder Priester, die schlimmste Erschießungsaktionen segneten, und Menschenmengen, die daraufhin die Mönche bis ins Grab verfolgten. Hier stoßen eine Religion und eine Anti-Religion aufeinander, die ihre Begriffe von Tod und Sakrileg aus denselben Quellen schöpfen, die seit dem fünfzehnten Jahrhundert unter der Glocke der Konterrevolution bewahrt wurden und im Konflikt mit instinktivem Befreiungsstreben standen. Immer schon führte Spanien gegen seine Vergangenheit einen intimen, angstbeladenen Krieg mit heftigen Ausbrüchen – Goyas *Caprichos*, Unamunos Agonien und Buñuels Filme veranschaulichen dies auf eindrückliche Weise.

Ebenso bedürfen bestimmte statistische Angaben einer kritischen Betrachtung. Die eine Million Tote, die 20 000 getöteten Geistlichen und der massive ›Terror‹, von dem man gesprochen hat, sind sicherlich Übertreibungen. Auf die Frage nach dem Ausmaß der francistischen Erschießungen in Zaragoza erhielt

Antikirchliches Erschießungsritual eines kommunistischen Exekutionskommandos

ich verschiedentlich Zahlen zur Antwort, die zwischen fünf und mindestens 30 000 Opfern lagen. Demographische Berechnungen legen nahe, daß die vom Krieg verursachten Verluste in der spanischen Bevölkerung einschließlich der Opfer von Kampfhandlungen und Bombardierungen sich auf 560 000 beliefen. Doch sollte die Kritik an der Statistik keineswegs den Eindruck erwecken, die psychologische Wirkung der Ereignisse sei dadurch weniger intensiv gewesen – sie war es, die für die Zukunft entscheidend sein sollte.

Die psychologischen Auswirkungen des unkontrollierten und spektakulären ›roten Terrors‹, der sich vor allem gegen bekannte Persönlichkeiten richtete, waren bedeutend: Tagtäglich beutete sie das Regime in Presse, Gedenkfeiern und Sprachregelungen aus. Heute jedoch ist der vom *movimiento* ausgeübte Terror – die Aktionen der Falangisten und die militärische Repression – in der Öffentlichkeit ebenso präsent. Gegen jeden, der auch nur eine abweichende Meinung äußerte, hatte er von den ersten Tagen an ebenso ungezügelt und brutal zugeschlagen, wie die Anschläge aus dem Volk. Zudem dauerte er sehr viel länger als das revolutionäre Aufbäumen; er folgte dem Vormarsch der Armeen und ging nach Kriegsende weiter. Viele Gewaltgegner wurden dadurch davon abgehalten, sich Franco anzuschließen, und so blieb die Erfahrung der Gefängnisse, der Lager sowie des moralischen Drucks auf die Opfer als Zeugnis lebendig.

Der eigentliche Ausgangspunkt dieser Geschehnisse besteht jedoch in einer Krise der Nation und der Gesellschaft, die 1936 so einmütig eingestanden wurde, daß beide Lager gleichermaßen die Verteidigung des Vaterlandes und den Willen, eine Revolution durchzuführen, für sich beanspruchen konnten. Es bleibt in Erfahrung zu bringen, welche unterschiedlichen Absichten sich hinter diesem einheitlichen Vokabular verbargen.

Die Reaktion der Katalanen und Basken war psychologisch gesehen national, insofern als sich bei ihnen in dem Gefühl der Zusammengehörigkeit fromme Katholiken und unerbittliche ›Pfaffenfeinde‹ zusammenfanden; auch wurden in beiden Regionen Angehörige der Großbourgeoisie, die ihre ›nationalistische‹ Vergangenheit zugunsten des Klassenkampfes vergaßen, als ›Verräter‹ betrachtet, was wiederum ein noch engeres Band zwischen den regionalen Gefühlen und der Verteidigung der Demokratie schuf. Der Kommunismus seinerseits unterstützte jeden im Volke verwurzelten Regionalpatriotismus, wenn dieser nur irgendwie die Kampfkraft stärkte.

Zum anderen war die italienisch-deutsche Intervention in der gesamten republikanischen Zone als Angriff auf die Freiheit und das Vaterland verhaßt. Anarchistische Redner beriefen sich auf das Jahr 1808 und auf die Reconquista, man sprach von einer nationalen Front. Seit Giner wußten die Intellektuellen spanische Tradition und Neuerungsstreben miteinander zu verbinden, und so schenkten Dichter von Antonio Machado bis zu Rafael Alberti, Manuel Altolaguirre und Miguel Hernández dem kämpfenden Volk Romanzen, Satiren und Lieder, und das aus um so vollerem Herzen, als der größte unter ihnen, einer der bedeutendsten Dichter aller Zeiten, Federico García Lorca, als eines der ersten Opfer des Militärputschs in Granada umgebracht worden war. Spanien, seine Erde, seine Kunst, seine Geschichte wurden in Erziehungseinrichtungen und Propaganda verherrlicht. Kluge Köpfe bauten auf diesen neuartigen, mit dem Volkswillen verbundenen und den Eigenarten der Regionen freundlich gesonnenen Patriotismus, um die Krise der Nation zu bewältigen.

Ganz anderer Natur war der in erster Linie unitarische und auf Expansion hin angelegte Nationalismus des gegnerischen Lagers. *Falange* und JONS hatten vom Faschismus die Mystik der Einheit übernommen. Doch Einheit bedeutete in Spanien vor allem Widerstand gegen die lokalen Nationalismen. »Jede Art von Separatismus ist ein Verbrechen, das wir nicht verzeihen werden«, sagte die *Falange*, die damit die einzig wirkliche Furcht der spanischen Gesellschaft auf den Punkt zu bringen hoffte: die Furcht vor Auflösung. Doch um die Katalanen und Basken verurteilen zu können, mußte man dem Begriff ›Nation‹ zunächst den romantischen Sinn einer spontan empfundenen Gemeinschaft nehmen. Da die Größe Spaniens in seiner Geschichte lag, betrachtete man die Nation als eine ›historische Einheit‹ mit einer ihr innewohnenden ›Finalität‹, einer permanenten, transzendenten und übergeordneten ›Einheit des Schicksals‹ (denn ansonsten hätte ›historisch‹ auch ›unbeständig‹ bedeuten können). Als Pfand dafür sollte das spanische Klassendenken herhalten, das Gegenstück zum Rassenstolz der Nazis: Ob *hidalgo* oder christlicher Ritter, der Spanier gewann Bedeutung durch seinen von einem ›poetischen Imperativ‹ diktierten Lebensstil; das schloß die Rehabilitierung Don Quijotes und des mystischen und kriegerischen Kastengeistes mit ein.

Damit war jedoch dieser ›Nationalismus‹ den Massen kaum zugänglich. Der durchschnittliche Franquist gehorchte älteren geistigen Gewohnheiten; er war fest in bäuerlicher Tradition verwurzelt, und die von den Priestern noch geförderte Vermengung von Religion und Vaterland bestimmte sein Denken; als Offizier zeichnete er sich durch eine patriotische Haltung aus, die durch die Rückkehr zur monarchistischen Fahne und Hymne *(Marcha Real)* noch gesteigert wurde; als konformistischer Intellektueller, der aus dem gelehrten Arsenal des Kolonialhistorikers Pereyra und des Literaturhistorikers Menéndez Pelayo schöpfte, erzielte er leichte Erfolge. Und auch die Propaganda ging schnell vom kritischen Nationalismus José-Antonios, der forderte, das physisch ruinierte Spanien »auf dem Wege der Kritik« wiederaufzurichten, zu einem Ton befriedigter Selbstgefälligkeit über, dessen bevorzugtes Argument das historische Klischee war.

Andererseits hatte die *Falange* ein aktives, ›imperiales‹ System angekündigt und Ansprüche auf Gibraltar, Tanger, Französisch-Marokko sowie auf die Führung der ›hispanischen Achse‹ gegen den angelsächsischen Panamerikanismus erhoben, was in der Zeit der deutschen Erfolge leicht zu falschen Schlüssen führen konnte. Als das Schicksal die spanische Diplomatie und Propaganda erst zu Winkelzügen, dann zum Schulterschluß mit den noch vor kurzem verachteten Demokratien zwang, verlor die nationalistische Komponente der franquistischen Ideologie durch dieses erneute Scheitern der Grundsätze den vorantreibenden Charakter. Die Kampagnen gegen andere Spanier (Exilierte und Autonomisten), gegen das angeblich traditionsfeindliche Frankreich und gegen das ferne Rußland bemühten sich – vergebens, wie es scheint – ihr neue Kraft einzuflößen.

Sollte aus dem blutigen Konflikt eine tiefgreifende soziale Veränderung hervorgehen? Zu einer sofortigen Umwälzung kam es in der republikanischen Zone. Arbeiterkomitees kontrollierten die Fabriken und Stadtverwaltungen, Gewerkschaften die großen öffentlichen Einrichtungen. Bauern besetzten Ländereien oder stellten die Pachtzahlungen ein. In Aragón und Katalonien machten die FAI und die CNT vereinzelt ›libertäre‹ Experimente, die bisweilen an Organisationsformen des alten ›Agrarkollektivismus‹ anknüpften. Ein Dekret der *Generalitat* sanktionierte im Oktober 1936 für Katalonien eine umfassende Kollektivierung der Industrie: Für Unternehmen mit mehr als 100 Arbeitern war sie obligatorisch, in mittleren Betrieben (50–100 Beschäftigte) konnte sie auf Wunsch der Belegschaft wirksam werden; in jedem Fall fand das Dekret jedoch Anwendung bei Fabriken, die aufgegeben worden waren oder deren Besitzer als politische Gegner verdächtigt wurden. Ein Wirtschaftskomitee sollte eine Planwirtschaft sichern.

In den anderen Teilen des republikanischen Spanien betrafen die bedeutenden Veränderungen vor allem die Landwirtschaft. Ein Dekret vom Oktober 1936 systematisierte die Maßnahmen, die von den Bauern bereits ergriffen worden waren, wie die Enteignung wegen Flucht oder verdächtiger politischer Überzeugungen des Besitzers und die Aufteilung der großen Landgüter. Den Gemeinden wurde selbst überlassen, ob sie die Böden individuell oder kollektiv bewirtschaften wollten. Im Mai 1938 verkündete man folgende Zahlen: 2 432 202 Hektar waren wegen Landaufgabe oder politisch verdächtigen Verhaltens, 2 008 000 Hektar zugunsten des Allgemeinwohls enteignet worden, die provisorische Besetzung von 1 252 000 Hektar war erneut zu prüfen. Das Institut für Agrarreform hatte ein Kredite, technische Unterstützung, Anbaupläne und Mechanisierung beinhaltendes Programm ausgearbeitet, das jedoch nicht mehr in die Praxis umgesetzt werden konnte. In Andalusien und in der Extremadura litt die Landwirtschaft darunter, daß es den Bauern an Mitteln und Erfahrung mangelte. Den Regionen, in denen Kooperativen, Kleinbesitz und Kleinpächter in der Überzahl waren, gelang es, die Produktionsziffer aufrechtzuerhalten, ihr Problem lag indes darin, die Kontrolle, welche die Kriegswirtschaft erforderte, zu organisieren.

Die Einstellung der Parteien und Gewerkschaften zu all diesen Neuerungen war im übrigen sehr verschieden. Die Kommunisten waren der Meinung, daß der Sieg die Voraussetzung der Revolution sei, und ordneten deshalb alles der Kriegführung unter: Sie lehnten es ab, den Kleinbesitz anzugreifen und prangerten die Kollektivierung unbedeutender Betriebe an. Dagegen betrachteten Anarchisten und kommunistische Dissidenten die totale Revolution als Bedingung für den Sieg und die Beschränkung auf die anfänglich libertären Experimente als Verrat. Neuere Studien haben auf die Bedeutung und die positiven Resultate einiger dieser Versuche hingewiesen: Zwar hat keiner dauerhafte Spuren hinterlassen, doch die Notwendigkeit einer tiefgreifenden strukturellen Veränderung der spanischen Gesellschaft war durch sie bekräftigt worden.

1936 schien diese Notwendigkeit so dringlich, daß der *pronunciamiento* sich zunächst zu einer theoretischen Verurteilung der etablierten Ordnung durchrang, die noch vor kurzem die Gemäßigten hatte erschaudern lassen, und die falangistischen ›26 Punkte‹ – die spanische Version faschistischen Denkens – akzeptierte.

»Wir verabscheuen den Kapitalismus.« – »Es ist nicht zu tolerieren, daß ungeheure Massen im Elend leben, während einige wenige sich jeder Annehmlichkeit erfreuen.« Spanien sollte »national-syndikalistisch« sein, ein Begriff, der es ermöglichte, den Nationalsozialismus nachzuahmen, ohne ihn zu kopieren, und der die spanische Ständetradition ins Gedächtnis rief. Schließlich konnte man auf diese Weise sogar mit dem Anarchosyndikalismus kokettieren, weil er dem spanischen Wesen angeblich besser entsprach. Und so räumte »der Mann mit der Pistole unter dem Mantel« den Platz als Feindbild schlechthin für den materialistischen und disziplinierten Marxisten.

Aber kann man hier wirklich von einer präzisen ökonomischen Doktrin sprechen? Die Formeln sind vage – man wollte »die Mißstände des Kapitalismus korrigieren« und den Müßiggängern »nicht die geringste Achtung« zollen –, und die innere Haltung war in bestimmten Punkten widersprüchlich – das »Syndikat der Produzenten« scheint eine auf Arbeit gegründete Gesellschaft zu definieren, doch hinter dem Rücken José-Antonios ließ sich wiederholt verlauten, eine solche Grundlage sei materialistisch, antispanisch und antichristlich. Man sah Arbeit als eine Strafe an, nicht als Verdienst, und plädierte für eine Rückkehr zu einem religiös-militärisch bestimmten Dasein.

Gewiß prangerte man den *señorito*, den Müßiggänger aus guter Familie, an. Da dieser jedoch meist in Francos Armee kämpfte und dem Kastendenken entsprach, rühmte man ihn gleichzeitig als *hidalgo*. Das ›neue Spanien‹ bekannte sich implizit dazu, konterrevolutionär zu sein, indem es das alte Spanien dafür verherrlichte, daß es die Revolutionen des sechzehnten und des achtzehnten Jahrhunderts zurückgewiesen hatte. Die Massen, die sich hinter Franco sammelten, waren, dem Vokabular der *Falange* zum Trotz, diejenigen, die im Februar 1936 aus konservativem Instinkt oder aus Traditionalismus gegen die Revolution gestimmt hatten.

Aus diesem Grund benutzte Franco, obwohl er die Energie der *Falange* durchaus für seine Ziele zu nutzen bereit war, zunächst gemäßigtere Formeln wie »soziale Gerechtigkeit«, »Lehren der Kirche« oder »Kein Spanier ohne Brot, kein Herd ohne Feuer«. Als 1938 die Einheit der Partei erreicht war, verkündete er schließlich den ›*Fuero* der Arbeit‹, zu dem einige Bemerkungen erforderlich sind.

In mißbräuchlicher Verwendung des Wortes stellte der Begriff *fuero* ein Zugeständnis an die historische Mode und an den Traditionalismus dar. Der mittelalterliche *fuero* war ein genau umrissener Vertrag zwischen feststehenden Partnern gewesen, zwischen einer Gemeinschaft und einem Herren bzw. einer Institution; der neue *fuero* war hingegen eine Deklaration von Rechten ohne jede Sanktion bei Verstößen. Zudem blieb der ›*Fuero* der Arbeit‹ deutlich hinter dem Programm der *Falange* zurück: Seine sozialen Versprechungen waren bescheiden (Urlaub, Sozialversicherung, Familienmindestlöhne), und wenn man auch plante, aus der Gesellschaft ein von der Partei beherrschtes ›vertikales Syndikat‹ zu machen, so blieb die Landwirtschaft dabei unberücksichtigt. Im Gegensatz zum italienischen Faschismus, der von der Großindustrie inspiriert war und in der Agrarfrage beweglicher war, zeigte sich der spanische Faschismus zwar bereit, die Industrie zu kontrollieren – die katalanische und baskische Unternehmerschaft galten weiterhin als suspekt –, scheute aber davor zurück, die Interessen der Großgrundbesitzer anzutasten.

Die praktische Umsetzung während des Krieges hatte verschiedene Aspekte. Da wäre zunächst die Reaktion gegen das Werk der Volksfront zu nennen, im Zuge derer die Löhne auf das Niveau vom Februar 1936 zurückgeschraubt, Ländereien ihren ursprünglichen Besitzern zurückgegeben (lediglich seit langem dort ansässige und politisch unverdächtige Bauern durften als Pächter bleiben) und denjenigen Entschädigungen gezahlt wurden, die aus politischen Gründen enteignet worden waren. Des weiteren eilten praktische Maßnahmen der Gesetzgebung voraus wie z.B. die mehr politische als wirtschaftliche Kontrolle der falangistischen Gewerkschaften in Unternehmen. Umgekehrt wurden legislative Maßnahmen beschlossen, nicht aber in die Tat umgesetzt, so im Fall der Sozialversicherung und der Enteignung brachliegender Böden. Dem müssen noch die wirtschaftlichen Leistungen des Krieges hinzugefügt werden, die Auswirkungen auf die Zukunft hatten: die kontrollierte Verteilung von Industriegütern und Rohstoffen und der nationale Getreidedienst *(Servicio Nacional del Trigo)*, der die Anbauflächen festlegte und über eine landwirtschaftliche Einheitsgewerkschaft die gesamte Ernte aufkaufte. Ebenfalls von den äußeren Umständen waren die beachtlichen sozialpolitischen Bemühungen bestimmt, die im Wiederaufbau, in der Hilfe für die Opfer des Krieges und im *Auxilio Social* bestanden, der über eine spektakuläre Wohlfahrtskampagne versuchte, der äußerlich sichtbarsten Not zu begegnen. Als soziales Heilmittel verstandene Barmherzigkeit und Wohlfahrt bildeten traditionell die Grundlage der Gesellschaftskonzeption der wohlhabenden Schichten Spaniens; die Kirche erhob nur deshalb Einwände, weil die Mobilisierung von Frauen in der Armenpflege äußerlich eher an den Nationalsozialismus als an die spanische Tradition erinnerte.

So hat der Krieg keineswegs die vom Vokabular der Falangisten angekündigte Revolution ausgelöst. In der nationalistischen Zone kam es zu keiner tiefgreifenden Veränderung der Gesellschaftsstruktur, im Gegenteil: Die herrschenden Kasten – Klerus, Armee und die mit der Partei, den leitenden Militärs und dem *Auxilio Social* verbundene Jugend aus besserem Hause – setzten sich durch, ohne daß es zu irgendwelchen Neuerungen kam.

Das Regime des General Franco (1939–1975)

1939–1942 Vor dem Mai 1940 war Franco noch bestrebt gewesen, die westlichen Mächte zusammenbringen. Nach dem Sieg der deutschen Armee über Frankreich ging er jedoch zur ›Neutralität‹ über, besetzte Tanger, stützte sich auf den deutschfreundlichen Serrano Súñer und traf Hitler und Mussolini. Er erhoffte sich materielle Vorteile von einem Beitritt zum Bündnis; allerdings waren Ribbentrop und Hitler von der Aussicht auf eine zweite Front auf zweifelhaftem Terrain wenig begeistert. Nach einem spanisch-portugiesischen Treffen wurde Engländern und Deutschen die Neutralität der Iberischen Halbinsel zugesichert. Für Spanien selbst bedeutete dies eine harte Zeit der Not und Isolierung, in der die *Falange* den Ton zu einer Wirtschaft und Gesetzgebung nach dem Vorbild der Nazis angab.

1942–1944 Die Landung der Alliierten in Afrika zwang die franquistische Diplomatie (General Jordana), dem Druck Großbritanniens und Amerikas nachzugeben. Obwohl die Angebote Spaniens zur Versöhnung mit den Alliierten schlecht aufgenommen wurden, erhielt die spanische Industrie weiterhin Aufträge und Lieferungen. Im Gegenzug milderte das Regime seine totalitäre Ausdrucksweise.

1944–1948 Nach dem Sieg der Alliierten stimmte die spanische Außenpolitik (Lequerica, Martin Artajo) zwar demütig einigen amerikanischen Initiativen zu, verwarf jedoch alle Ratschläge zur Demokratisierung. Der Druck der internationalen Öffentlichkeit zwang die UNO, das Francoregime zu verurteilen, und Frankreich, seine Grenzen eine Zeitlang zu schließen. In der daraus resultierenden Atmosphäre des Mangels stellte sich die erhoffte nationale Reaktion, zu der die Regierung aufgerufen hatte, nicht ein. Das Lavieren des Staatschefs zwischen Falangisten und Katholiken, die Verhandlungen mit Don Juan de Borbón, dem Sohn des abgedankten Alfonso XIII., der sich weigerte, unter einem Diktator König zu werden, sowie die Verschleierung der Diktatur unter dem Begriff der ›Regentschaft‹ zeugten vom schlechten Gewissen des Regimes.

1948–1955 Dagegen ermöglichte es der Kalte Krieg dem letzten Überlebenden aus der Zeit des Faschismus, sich als Vorreiter darzustellen. Gegenüber den Vereinigten Staaten agierte Spanien, wie zuvor gegenüber Deutschland, mehr als Gläubiger denn als Bittsteller. Aber wie vor ihnen Deutschland gedachten ihrerseits die Vereinigten Staaten, sich Spaniens zu bedienen, und nicht, es zu unterstützen. Erst 1953 wurde eine Militärhilfe von 141 Millionen Dollar gewährt und weitere 85 Millionen »zur Festigung der wirtschaftlichen Grundlage der militärischen Zusammenarbeit«. Da das Regime zudem gerade ein Konkordat unterzeichnet hatte, konnte es sich seiner außenpolitischen Erfolge rühmen.

1956–1962 Der Auftakt wirtschaftlicher Erholung und Industrialisierung wurde begleitet von Inflation, starker sozialer Bewegung und Unruhen an den Universitäten. Spanien trat der UNO und den europäischen Institutionen bei. Ein Stabilisierungsplan bremste die Devisenflucht, führte aber auch zu einer kurzfristigen Rezession. 1962 war ein Jahr der Demonstrationen und der Streiks (Asturien).

1963–1973 In dieser Zeit lebhaften, durch ›Pläne‹ gelenkten Wachstums, feierte das Regime sein Jubiläum unter dem Motto ›25 Jahre Frieden‹. Das ›Grundgesetz‹ von 1966 hielt an Franco als Staatschef und an den korporativen *Cortes* fest. Es wurde

Präsident Eisenhower und General Franco, 1959

einem Referendum unterworfen, bei dem das Scheitern des von der Opposition beabsichtigten Wahlboykotts zusammen mit den dagegen getroffenen Vorsichtsmaßnahmen mehr abgegebene Stimmen als eingetragene Wahlberechtigte ergab. Zahlreiche Prozesse wegen Pressedelikten neutralisierten die gesetzlich verkündete Aufhebung der Zensur. Im Juli 1970 wurde Prinz Juan Carlos, dem Enkel von König Alfonso XIII., offiziell die Rolle des designierten Nachfolgers des *Caudillo* zugesprochen. Im Dezember rief der Prozeß von Burgos, in dem sechs junge Mitglieder der baskischen Widerstandsbewegung ETA zum Tode verurteilt wurden, eine Protestwelle hervor. Franco begnadigte die Verurteilten, doch in Madrid gingen die Befürworter eines harten Regimes auf die Straße. Die Technokraten des *Opus Dei* schienen die Falangisten von den Schaltstellen der Macht zu verdrängen, doch die Führung behielt weiterhin der unbeugsame und autoritäre Admiral Carrero Blanco. Am 20. Dezember 1973 fiel er im Zentrum von Madrid einem Bombenattentat der ETA zum Opfer. Trotz scheinbarer Ruhe war plötzlich die Krise offen ausgebrochen.

1974-1975 Die wirtschaftliche Stimmung war schlecht, die Revolution in Portugal ließ alte Befürchtungen und Hoffnungen wiederaufleben, und der gesundheitliche Zustand General Francos warf die Frage der Nachfolge auf. Die Regierung Arias Navarro kündigte liberale Reformen an, die sich als lächerlich erwiesen. Von nun an waren die Anhänger des Regimes in der Minderheit. Politische Aktivitäten und eine kritische Presse lebten wieder auf, doch gleichzeitig verschärfte sich die Repression, und es kam zur grausamen Hinrichtung des jungen Anarchisten Salvador Puig Antich mit der barbarischen Garrotte, zu Folterungen sowie zu Todesurteilen gegen vermeintliche Mitglieder oder Komplizen der ETA und der FRAP (antifaschistische und patriotische revolutionäre Front). So blieb das System seinen Ursprüngen treu.

Hat es die Probleme Spaniens gelöst? Das Problem der nationalen Struktur blieb weiterhin bestehen. Der *Falange* waren Autonomiebestrebungen seit jeher ein Dorn im Auge gewesen. Madrid genehmigte zwischen 1955-1960 einige regionalistische Manifestationen auf kulturellem Gebiet. Nun hatte die katalanische Buchproduktion, kaum daß sie zugelassen war, unvorhergesehenen Erfolg. Die Sprache war wieder zum Erkennungsmerkmal einer Bevölkerungsgruppe geworden, und dieses Phänomen weitete sich, stärker als früher, auch auf die Region von Valencia, die Balearen und das Roussillon aus. Zwar blieben auf diesem Gebiet Intellektuelle und niederer Klerus die treibenden Kräfte, aber Teile des aktiven Bürgertums fanden 1975 zu ihrer Sprache von 1906 zurück, und in der Arbeiterschaft verbanden sich erneut nationale und soziale Klagen. Die von der Staatsgewalt verbotene ›Versammlung Kataloniens‹ zeugt vom Ausmaß der Mobilisierung. Doch blieb diese starke Bewegung im großen und ganzen gemäßigt. Im Baskenland dagegen kamen die von einer jungen Minderheit vertretenen nationalen Bestrebungen härter zum Ausdruck: Obgleich gespalten in Bezug auf Taktik und Theorie, hatte sich die ETA (*Euzkadi Ta Askatasuna*, Baskenland und Freiheit) auf der Straße, unter der Folter und vor den Gerichten aufgrund ihres Heroismus durchsetzen können; sie verband nationale Freiheit und soziale Revolution. Durch Einschüchterung der übrigen Oppositionsgruppen erzwang sie deren Solidarität.

Und wie stand es um die wirtschaftlichen Probleme? In der Landwirtschaft dauerte bis 1962 die Ungleichmäßigkeit der Ernteerträge fort (Getreide – 1958: 48 Millionen Doppelzentner; 1961: 30 Millionen Doppelzentner), und die Durchschnittszahlen von 1931–1935 wurden nicht wieder erreicht. Die pro Kopf verfügbare Getreidemenge sank um 35%, der pro Bauer erwirtschaftete Wert um 18%. Trotzdem betrug der Anteil der Landwirtschaft noch 1960 47% der berufstätigen Bevölkerung, 33% der Gesamtproduktion, bei Investitionen hingegen nur 13%. Die Erschließung neuer Böden blieb örtlich begrenzt. Noch immer gab es menschenleere Regionen, Bauern ohne Land und überbevölkerte Gebiete.

1962 begann die Modernisierung. Die durchschnittliche Getreideproduktion stieg von 40 Millionen (1954–1958) auf 50 Millionen Doppelzentner (1965–1969), der Ertrag von 9,5 auf 12,5 Doppelzentner pro Hektar. Die Erfolge im Anbau von Mais und Gerste sowie in der Schweine- und Geflügelzucht waren beachtlich. Man setzte massiv Kunstdünger ein. Innerhalb von fünfzehn Jahren wuchs der Bestand an Traktoren von 26000 auf 243000 an. Bot der *latifundio* einen angemessenen Rahmen für die Modernisierung? Die Landflucht überschritt die Grenzen des Wünschenswerten, und die Investitionen blieben weiterhin unzureichend (15 Dollar pro Hektar gegenüber 60 Dollar pro Hektar im übrigen Europa). Ein positives Zeichen war hingegen der Rückgang des Anteils der Landwirtschaft an der Gesamtproduktion (von 53 auf 15%) und an der berufstätigen Bevölkerung (von 42 auf 26%); er wurde innerhalb von zehn Jahren realisiert, allerdings auf Kosten der Menschen. Die sozialen Probleme (*minifundio*, Landproletariat, Arbeitslosigkeit, Landflucht) hat der wirtschaftliche Wandel nicht zu lösen vermocht.

Die Industrialisierung vollzog sich zwar verspätet, dafür aber zügig. Bis 1953 orientierte sich das *Instituto Nacional de Industria* (INI) am falangistischen Dirigismus, der Autarkie und Stärkung des Zentrums der Iberischen Halbinsel anstrebte. Vor 1960 hatte es 55 Milliarden Peseten investiert, davon 42 Milliarden in die Grundstoffindustrien, ohne dadurch jedoch das regionale Ungleichgewicht beseitigen und die Fortschritte der Energie- sowie der Eisen- und Stahlindustrie ausreichend vorantreiben zu können.

Von 1954 bis 1962 wichen der Autarkiegedanke und der Dirigismus der offenen Intervention ausländischen Kapitals und dem Liberalismus. Gemeinsam bewirkten der plötzliche europäische Wirtschaftsaufschwung und die amerikanische Finanzhilfe (1954–1958: 341 Millionen Dollar, davon 31 Millionen für die Stromproduktion, 30 Millionen für die Eisenbahnen und 8 Millionen für Bewässerungssysteme) in Spanien eine inflationistische Situation und ein Handelsdefizit. Die Importe aus den Vereinigten Staaten stiegen zwischen 1951 und 1954 von 62 auf 112 Millionen Dollar, wohingegen die Exporte in die USA von 65 auf 42 Millionen Dollar sanken. Von 1956 bis 1957 stiegen die Preise um 15,5%. Der Stabilisierungsplan von 1958 wurde mit einem jähen Wachstumsstopp bezahlt.

1961 lag der Energie- und Stahlverbrauch lediglich bei einem Drittel des von der OECD berechneten Durchschnitts. In sieben Jahren hatte das Bruttosozialprodukt pro Kopf um 18% zugenommen, und im Bereich der Automobil- und Aluminiumproduktion stieg der Industrieindex rasch. Von einem sichtbaren Wirtschaftsaufschwung kann allerdings erst ab 1962 gesprochen werden.

Von 1964 bis 1969 nahm das Bruttosozialprodukt um 35% zu, das Pro-Kopf-Einkommen um 28% (das Wachstum war jedoch unregelmäßig – 1964/1965: 6,7%; 1966/1967: 3%). Der Energieverbrauch verdoppelte sich innerhalb von zehn Jahren, ebenfalls mit ungleichmäßigen Steigerungsraten, die zwischen 0,06 und 10,9% schwankten; 1969 produzierte Spanien 6 Millionen Tonnen Stahl, verbrauchte aber 8 Millionen Tonnen. Das volkswirtschaftliche Gesamtergebnis blieb 1969 bescheiden: 720 Dollar Pro-Kopf-Einkommen, 1600 Kilowattstunden Stromverbrauch pro Einwohner und ein auf Steinkohle berechneter Energieverbrauch von 1,78 Tonnen pro Kopf. Auch das Gesicht der Städte hatte sich verändert: In der Umgebung von Burgos, Valladolid, Pamplona und Zaragoza schossen Trabantenstädte aus dem Boden; Madrid war eine graue, verschmutzte Industriestadt geworden; Barcelona und Bilbao bildeten riesige Agglomerationen. Mächtige Geldinstitute (Depot- und Geschäftsbanken zugleich) kontrollierten den allgemeinen Aufschwung, bei dem sich ausländisches Kapital eng mit den Interessen der spanischen Oligarchie verband.

Besorgniserregend blieben weiterhin die Auswanderung von qualifizierten Arbeitskräften; die Rolle einer auf Investitionen in den Hotelbau basierenden Tourismusindustrie, deren Erträge und Zukunft ungewiß waren; der Anstieg der Importe; die periodischen Inflationsschübe.

Die sozialen Probleme verloren nicht an Brisanz. Fünfzehn Jahre lang (1940-1955) hatte es kein Gegengewicht zur Ausbeutung der arbeitenden Klassen gegeben; eine massive Akkumulation von Kapital war die Folge, welches durch die Banken wieder investiert wurde. Durch den plötzlichen Aufschwung traten die Unterschiede zwischen den Wirtschaftssektoren offen zutage. Auf dem Lande blieb die Lage des *minifundio* desolat; der *latifundio* bezahlte seine Arbeitskräfte zwar besser, hielt sie jedoch auf dem Niveau eines Landproletariats im Schraubstock zwischen Abwanderung und Arbeitslosigkeit. Dagegen gab es nunmehr in einzelnen Regionen eine reiche Bauernschaft. Auch in der Industrie waren die rückständigen Sektoren von Arbeitslosigkeit (vor allem im asturischen Bergbau) oder – dort, wo niedrige Löhne eine ausfuhrorientierte Produktion ermöglichten (Bekeidungsindustrie, Schuhproduktion) – von Exportkrisen bedroht. In den neuen Sektoren zeigte sich die Ungleichheit vor allem bei den Löhnen, die man im vergeblichen Wettlauf mit den steigenden Preisen durch Prämien, Überstunden und Nebentätigkeiten zu steigern versuchte. So waren denn auch die zahlreichen Konflikte lang und zäh. Die von der Entwicklung überrannten ›vertikalen‹ Syndikate hatten nur noch die Funktion, die Konflikte vor der Öffentlichkeit zu verbergen, während gleichzeitig ›Arbeiterkommissionen‹ – Diskussionsforen und Kampforgane – entstanden. Die Untergrundgruppen stritten sich darum, wer sie gegründet und die Initiative in ihnen hatte. In vielen Fällen gewährte der Klerus ihren Versammlungen Asyl. Die Repressionen waren brutal (Granada, Ferrol, Madrid und Barcelona).

Welche Rolle spielte dabei die politische Opposition? Von 1940 bis Anfang der fünfziger Jahre war sie in Form von örtlichen Guerillas, Untergrundgewerkschaften, enttäuschten Falangisten, unbeugsamen Liberalen und ungeduldigen Monarchisten durchaus präsent, blieb jedoch weitgehend wirkungslos. Die führenden Persönlichkeiten der Volksopposition waren tot, im Exil oder im Gefängnis, und die von der Furcht gelähmten Mittelschichten begnügten sich mit verbalen Angriffen. Die Vorstellung eines *per se* armen Spaniens, das zu nur durch Nachlässigkeit und Anarchie gemilderten Willkürregimes verurteilt war und sich mit diesem Schicksal auch abgefunden hatte, führte bei den Intellektuellen zu einer skeptischen und pessimistischen Variante der immer wiederkehrenden geistigen Krisen.

Das Regime liberalisierte sich nur in Worten. Seine *Cortes* waren ebensowenig ein Parlament wie eine ordentliche Ständeversammlung, und weder der *Fuero de los Españoles* noch der *Fuero del Trabajo* garantierten die individuellen Grundfreiheiten. Die Protektion durch die Nazis und die italienischen Faschisten hatte tiefe Spuren in der Presse, der Polizei sowie in den Jugendorganisationen hinterlassen. Je nach Art der Oppositionellen wurde die Repression klug dosiert.

Die intellektuelle Opposition wurde je nach Situation entweder toleriert, von der Zensur bekämpft, mit Gefängnisstrafen belegt oder Schikanen ausgeliefert (Verwüstung von Ausstellungen und Buchhandlungen). Eine politisch engagierte Lyrik (Celaya, Blas de Otero), ›schwarze‹ Kriminalromane und ein sehr kritisches Kino (Bardem, Berlanga, Buñuel, Saura, Ferreri) zeichneten ein bitteres Bild von Spanien; die Universitäten lebten im Belagerungszustand und auch die Söhne bedeutender Persönlichkeiten nahmen an der Bewegung teil. Seit den siebziger Jahren wandten sich sogar ehemalige Politiker wie Fraga Iribarne gegen das Regime.

Angesichts dieses Zerfalls versuchten die Erben der alten Parteien sowie eine Fülle neuer Gruppierungen, ihren Standort zu bestimmen. Bei den ersteren spielte die lähmende Wirkung der Erinnerungen noch eine entscheidende Rolle. So fragten sich die Gemäßigten, ob der Bürgerkrieg hätte vermieden werden können und ob seine Folgen für Spanien verhängnisvoll waren. Die Besiegten überlegten ihrerseits, wer recht gehabt bzw. sich geirrt hatte: die Anarchisten, die Kommunisten oder die bürgerlichen Parteien? Die kleinen Parteien hatten es leicht, die großen zu kritisieren, mußten sie doch nicht den Nachweis ihrer Methoden erbringen. Und die junge Generation urteilte oft dogmatisch über Probleme, die sie selbst nicht miterlebt hatte.

1962 ließ die Teilnahme von Gil Robles an einer internationalen Versammlung eine Erneuerung des ›Zentrums‹ mit europäischen Verbindungen vermuten. Das Regime reagierte milde, weil es darin keine Bedrohung sah. Dagegen zeigte es mit der Hinrichtung Julián Grimaus seine Unnachgiebigkeit gegenüber dem Kommunismus der Kriegszeit.

Aus der Zerstrittenheit der Kommunisten, dem Wiederaufleben anarchistischer und trotzkistischer Tendenzen sowie dem Auftreten eines revolutionären baskischen Nationalismus entstand nun eine linksextreme Opposition, zu zersplittert, um entscheidende Wirkungen zu erzielen, aber zu aktiv, als daß es möglich gewesen wäre, sie auf Dauer zu ignorieren. Das Ende der Illusion vom Wirtschaftswunder, das gelungene Attentat gegen Carrero Blanco und die portugiesische Revolution führten zu einer merkwürdigen Lockerung der Repression und gleichzeitig zu einer plötzlichen Verschärfung, wovon die Hinrichtung Puig Antichs ebenso zeugt, wie die elf Todesurteile vom September 1975, von denen fünf vollstreckt wurden. Die ETA und der marxistisch-leninistische Kern der FRAP hatten es gewagt, gegen den Unterdrückungsapparat vorzugehen, der noch immer die Seele des Regimes bildete.

Was sich seit 1936 geändert hatte, war die Haltung eines Teils der Geistlichkeit, der sich selbst in illegalen politischen Aktionen engagierte und gegen den vorzugehen man sich nicht scheute. Doch bestanden für die Opposition weiterhin nur die beiden Möglichkeiten, sich entweder für die simple Rückkehr zu demokratischen Formen zu entscheiden oder aber für eine radikale Umwälzung der gesellschaftlichen Produktionsverhältnisse. Die kommunistische Partei Spaniens wählte den ersten, den italienischen Weg und kritisierte das Vorgehen der kommunistischen Partei Portugals.

Ruhte die konservative Koalition also auf einem soliden Fundament? Auch Aristokratie und Großgrundbesitzer, jetzt eng mit Banken und Industrie verbunden, dachten nicht mehr wie früher. Und die Armee? Weil sie im und für den Bürgerkrieg geschmiedet worden waren und sich der steten Gunst des *Caudillo* erfreuten, standen Armee und Repressionsorgane stets solidarisch zum System. Für ein Land ohne außenpolitische Probleme war das Gewicht, das der Armee innerhalb der Nation zukam, paradox und erinnerte an die Rolle der nichtproduzierenden Klassen in der Zeit des Niedergangs: Die unteren militärischen Ränge und die Polizeikorps waren Zufluchtstätten vor materieller Not. Ob der Zusammenhalt dieser ziemlich armseligen Basis gesichert war, blieb unklar. Die Offiziere hingegen bildeten die franquistische Kaste schlechthin.

Die Geschäftswelt hätte nichts lieber getan, als sich der letz-

Baskischer Freiheitskampf. Graffiti in Guernica, 1982

ten dirigistischen Überreste aus den vierziger Jahren zu entledigen. Doch sprach gegen einen offen liberalen Boom die Tatsache, daß Spanien nicht Deutschland war. Eine bürgerliche Macht hatte hier weit weniger Chancen, ein parlamentarisches Wahlsystem zu garantieren, und die Finanz- und Industriekreise wollten ein solches Risiko nicht eingehen. 1969 war Franco so geschickt, die Spitze der *Falange* zugunsten der mit dem *Opus Dei* in Beziehung stehenden technokratischen Führer zu opfern. Die Verlierer versuchten daraufhin, die Matesa-Affäre (fiktive Exporte, die in Milliardenhöhe subventioniert wurden) auszunutzen, aber die Solidarität des Großkapitals ließ sich davon nicht erschüttern. Sobald die politische Gefahr jedoch revolutionäre Formen annahm, keimte die repressive Mentalität wieder auf. Zwar waren die wirtschaftlichen Erfolge zugleich Ursache und Wirkung des sozialen Aufstiegs von intelligenten Technokraten, die mit den ›demokratischen‹ Oppositionsgruppen geliebäugelt hatten oder dies zukünftig tun sollten, ein Wechselbad von Drohungen und Gunstbezeugungen neutralisierte sie jedoch ohne Mühe.

Fern waren die Zeiten, in denen die Kirche, erste Nutznießerin des ›Kreuzzugs‹, ihre Erfolge noch genießen konnte: Steuerprivilegien, obligatorische kirchliche Trauung, Katechismus im

Schulunterricht sowie ihre dominierende Stellung im Erziehungswesen, in der Universität und im Forschungsrat *(Consejo de Investigaciones Científicas)*. An die Stelle dieser Identifizierung des Regimes mit einem engstirnigen Katholizismus war die Aufspaltung der Katholiken in drei Lager getreten: Da war zum einen das *Opus Dei*, eine Laienorganisation, die eine Zeitlang uneingestandenermaßen bestrebt gewesen war, die gesamte Gesellschaft organisatorisch zu umspannen, und der es gelang, zwischen Regierungsapparat, Staatskapitalismus, ›Plan‹-Technokratie und Führungsspitze von Industrie und Banken eine entscheidende Rolle zu spielen. Zum anderen entdeckten seit dem Zweiten Vatikanischen Konzil junge Geistliche, von Vorortpriestern bis zu Landpfarrern, denen der überkommene Konformismus und modernes Karrieredenken gleichermaßen ein Greuel waren, den traditionellen Antikapitalismus in der Volksopposition als Betätigungsfeld. Zwischen beiden schwankte das Volk und manövrierte die Hierarchie. Das ›schwarze Spanien‹ aber existierte nicht mehr.

Die Anfänge der konstitutionellen Monarchie

In einer gespannten Atmosphäre, kurz nach den fünf Hinrichtungen vom September 1975, starb General Franco am 20. November nach einer langen Agonie. Die Übertragung der Staatsgewalt vom *Caudillo* auf den König wurde zwiespältig aufgenommen, denn der junge Souverän schien dem ›Bunker‹, dem Widerstandskern des Franquismus, nachzugeben, indem er Arias Navarro, der für die Septemberereignisse mitverantwortlich war, in der Regierung behielt. Doch die drei in den Ministerstand erhobenen ehemaligen Diplomaten Fraga, Garrigues und Areilza wurden deutlich sichtbar damit beauftragt, Spanien mit dem Segen Amerikas nach portugiesischem oder griechischem Muster in ein zentristisches oder sozialdemokratisches Europa zu integrieren. »Zwei Wochen, zwei Monate, zwei Jahre«, forderte Fraga.

Am 3. Juli 1976 berief der König unerwartet den weitgehend unbekannten jungen Politiker Adolfo Suárez, der seine politische

Der König Juan Carlos am Sarg von General Franco, 1975

Ausbildung in der franquistischen Bewegung erfahren hatte, zum Regierungschef. Er war es, der den Veränderungsprozeß mit Amnestien, Wahlen, *Cortes constituantes* und einem (bis auf 40 vom König ernannte Mitglieder) gewählten Senat vorantrieb. Die Reform wurde in einem Referendum mit 94% Jastimmen gebilligt; die nur 2,6% Neinstimmen kamen von seiten der unbeugsamen Franquisten (die Wahlenthaltung lag bei 23%).

Die Öffnung war durch die weitgefaßte und Schritt für Schritt umgesetzte Amnestie sowie die sukzessive Legalisierung von nahezu 200 Parteien und Gruppierungen möglich geworden. Der Übergang vollzog sich ohne ernste Probleme, wenn auch nicht ohne Zwischenfälle wie der Ermordung von vier Anwälten der ›Arbeiterkommissionen‹ im Zentrum von Madrid und der Gewalttaten der baskischen ETA.

Die mit Spannung erwarteten Wahlen vom 15. Juni 1977 stellten den Gemäßigten um Suárez und seine ›Union der demokratischen Mitte‹ (166 Sitze, 23 angeschlossene Abgeordnete) die Linke um die sozialistische Arbeiterpartei (118 Sitze, 8 ihnen angeschlossene Abgeordnete) gegenüber. Fraga hingegen, der versucht hatte, eine Rechte zu organisieren, scheiterte (seine »Volksallianz« erhielt nur 16 Sitze), und auch die Kommunisten erzielten mit ca. 10% trotz oder gerade wegen der Vorreiterstellung Santiago Carillos auf dem Weg des Eurokommunismus ein schwaches Ergebnis.

Zu einigen Überraschungen kam es jedoch auf regionaler Ebene: Katalonien gab den Kommunisten (PSUC) 20%, den Sozialisten 35% der Stimmen, wesentlich mehr als den Gemäßigten und den alten Parteien. Doch am 11. September 1977, dem Nationalfeiertag der Katalanen, versammelten sich eine Million Menschen in Barcelona und riefen: »Volem l'Estatut«. Nun setzte Madrid die katalanische *Generalitat* wieder ein. An ihre Spitze wurde der Präsident Josep Taradellas berufen, der im Exil zum Nachfolger von Companys und Maciá bestimmt worden war.

Die baskische Frage war heikler. Eine Linke von *abertzales* (unnachgiebigen Patrioten) mit ihrem radikalen Flügel, der militärischen ETA, konnte ihr früheres Ansehen im Volk, das seine Märtyrer nicht vergaß, bewahren. Die Beibehaltung der Stationierung von Polizeieinheiten aus der Zeit des Franco-Regimes empfand man im Baskenland als Besatzung durch fremde Truppen. Doch wie einst die FAI provozierte die ETA in Madrid eine autoritäre Überreaktion.

Die Verfassungsdiskussion im Jahre 1978 hatte die Öffentlichkeit weniger mobilisiert als 1931. Das Streben nach Übereinkunft führte dazu, daß Spanien als unauflöslich, aber aus Nationalitäten bestehend proklamiert wurde; das Volk wurde zum Souverän, doch der Monarch blieb unantastbar; freie Unternehmensführung wurde garantiert, aber zugleich war von Planwirtschaft die Rede. Die Pragmatiker waren zufrieden, wenn ihnen auch die rechte Begeisterung fehlte (bei der Volksabstimmung gab es 36% Wahlenthaltung sowie 23,8% Neinstimmen im Baskenland). Im März 1979 bestätigten die Wahlen zu den *Cortes* die gemäßigte Mehrheit, bei den Gemeindewahlen kam es indes in zahlreichen Städten zum Sieg der Sozialisten, Kommunisten und der radikalen baskischen Nationalisten. Die baskischen und katalanischen Autonomiestatute wurden beschlossen, doch sie riefen Proteste hervor, da sie nicht so weit gingen wie die der dreißiger Jahre (die Wahlenthaltung lag bei 40%). Die Wahlen zum katalanischen Parlament ermöglichten dem gemäßigten Führer Jordi Pujol *(Convergençia i unió)* die Ernennung zum Präsidenten der *Generalitat*. Im Baskenland konnte sich die PNV (Baskische nationalistische Partei) nur mühsam zwischen den spanischen Parteien behaupten, und die militärische ETA führte weiter ihren bewaffneten Kampf und verlangte als Vorbedingung für jegliche Verhandlung den Rückzug der Ordnungskräfte.

1981 wurde das Jahr des ›23. Februar‹: An jenem Tag stürmte Oberstleutnant Tejero mit gezogener Pistole die Rednertribüne der *Cortes*, und seine Zivilgardisten zwangen die Abgeordneten, sich unter ihren Bänken zu verstecken. Das Fernsehen verbreitete dieses Bild in der ganzen Welt. Zwar scheiterte das Unternehmen, doch in Valencia hatte General Milans del Bosch bereits Panzer ausrücken lassen, und der dem König nahestehende General Armada hatte zweifellos an einen Kompromiß nach argentinischer Art gedacht. Tejero, Milans und Armada wurde der Prozeß gemacht, bei dem die Solidarität des Militärkorps der Öffentlichkeit einmal mehr die ständige Gefahr eines Militärputsches vor Augen führte.

1982 erfolgte die Auflösung der Parteien des Zentrums: Die Rechte wurde von nun an durch die ›Volksallianz‹ Fraga Iribarnes repräsentiert, der die extreme Rechte (Blas Piñar, Tejero) ausschaltete; auf der Linken ließ die sozialistische Partei (PSOE) der extremen Linken (einschließlich der KP) immer weniger Raum. Bei den Wahlen vom Oktober 1982 gewannen die Sozialisten die absolute Mehrheit in den *Cortes*. Der junge andalusische Rechtsanwalt Felipe González wurde Regierungschef. ›Felipe‹ und seine Technokratenfreunde (Boyer, Serra, Solchaga) vertraten in sozialen Fragen gemäßigte Positionen und wurden auch prompt mit einer Reihe von Schwierigkeiten konfrontiert wie der Nervosität der Militärs, dem Zusammenbruch des Trusts RUMASA (den man enteignen mußte), dem Mißerfolg der Sozialisten bei den baskischen und katalanischen Parlamentswahlen, dem Anstieg der Arbeitslosigkeit und der Aktivität der ETA trotz oder gerade wegen der Brutalität der Polizeimethoden. Die Erfolge der Regierung lagen in der Außenpolitik: Unterstützung Frankreichs gegen die ETA, EG-Beitritt sowie erfolgreiches Referendum über den Beitritt zur NATO. Die Schwäche der rechten Parteien und der Arbeiterbewegung – die KP brach auseinander – wurden zur Chance für die PSOE.

Der Unwille über die vergessenen Versprechungen und das Abgleiten in eine Klientelpolitik macht sich auf der Straße Luft: pazifistische Demonstrationen, die spontane Hommage an die Integrität und Unabhängigkeit einer Persönlichkeit bei der Beerdigung Prof. Tierno Galváns, des Bürgermeisters von Madrid (Dezember 1985).

Wo steht Spanien am Ende der achtziger Jahre (1986-1987)?

39 Millionen Einwohner, eine moderne Demographie: Sterblichkeit 13%, Mortalität 7,6%, Kindersterblichkeit 10,5%. Produktion: Getreide 5 Millionen Tonnen, Wein 38 Millionen Hektoliter, Stahl 11,9 Millionen Tonnen, Strom 3265 Kilowattstunden pro Einwohner, 1,5 Millionen Automobile im Jahr. Spanien hat seine Autobahnen, seine Industriezweige, die an der Spitze der technologischen Entwicklung stehen. Eine Schwelle ist überschritten. Doch seine gegenwärtige Krise ist deshalb um so spürbarer. Das Bruttosozialprodukt wächst nur langsam (um die 4800 Dollar pro Einwohner). Insbesondere die Arbeitslosigkeit ist hoch: etwa 20% der aktiven Bevölkerung, allerdings gibt es viel Schwarzarbeit. Alte Sektoren (Schafzucht, Textilproduktion) stagnieren oder gehen zurück. Spürbar bleibt die Ungleichmäßigkeit der Ernten (von 1980 bis 1981 Steigerung um 37%; von 1985 bis 1986 um 20%). Andalusien wird immer noch von Not und Elend heimgesucht. Dort spricht man wieder von einer Agrarreform.

Die jungen Technokraten (ob Konservative oder Sozialisten, sie haben die gleiche Ausbildung und kommen oft aus denselben Familien) bauen auf ihre neue Wissenschaft. Doch das riesige Gebäude der Banken zeigt Risse. Der alte fiskalische und soziale Apparat des Franco-Regimes läßt sich nicht so leicht modernisieren. Der Waffenstillstand zwischen Unternehmern und Arbeiterorganisationen (Pakt von Moncloa, 1977) läßt sich nicht ohne Proteste erneuern. Man spürt, daß nicht alles von rein technischer Wirtschaftsleitung oder einer rein auf Parlament und Wahlen orientierten Politik abhängt, wie es sich die Opposition unter Franco gerne vorgestellt hatte.

Die Modernisierung der Armee könnte diese noch machtgieriger machen. Der Beitritt zur EG (1. Januar 1986) wurde groß gefeiert, aber man fürchtet die Auswirkungen in einigen Sektoren. Auf militärischem Gebiet ist Spanien, obwohl es seit 1953 riesige amerikanische Stützpunkte beherbergt, erst 1981 unter den Gemäßigten der NATO beigetreten. Die sozialistische Partei hatte 1982 versprochen, wieder auszutreten. An der Regierung, empfahl sie 1986, den Verbleib in der NATO durch ein Referendum zu billigen. Die Rechte trat dafür ein, der Abstimmung fernzubleiben. Ihre Wähler stimmten mit Ja. Am 12. März 1986 band sich Spanien mit 52% Jastimmen an das westliche System.

Das ›Spanien der Autonomien‹ funktioniert, ist aber kostspielig. Das ›Spanien der Nationalitäten‹ läßt sich nur schlecht aufbauen. Madrid schiebt Katalonien Machtinstitutionen und Mittel zu, versteht sich jedoch mit der baskischen Nationalistenpartei nur dann, wenn sie die Repression der radikalen Unabhängigkeitsbewegung begünstigt. Die alten spanischen Parteien versteifen sich auf die Vorstellungen von 1900: Spanien als Staat-Nation-Macht. Sie haben den Traum Pí y Margalls vergessen: ein Bund von Gemeinschaften, die ihr eigenes Genie besitzen. Anerkannte Nationalitäten ablehnen, im Fall des Baskenlandes Polizeimethoden der internationalen Terrorismusbekämpfung anwenden, dies wäre eine unitaristische Politik nach Art der *Falange*. Warum sollte eines der ruhmreichsten historischen Gebilde Europas nicht in der Lage sein, sich selbst einmal auf eine Weise zu begreifen, die Neues hervorbringt?

1936 hatte es die Volksbewegung verstanden, Tradition und Neues, das patriotische Feuer verschiedener Völker und revolutionäre Bestrebungen miteinander zu verbinden. Spanien war zum Brennpunkt der Welt geworden. Große Genies – Machado, Lorca, de Falla, Miró, Picasso, Buñuel und andere – haben dem zwanzigsten Jahrhunderts ihren Stempel aufgeprägt. Gern hätte man, daß diese Modernität nicht Gefahr läuft, mit den Snobismen der madrilenischen Bars oder dem exzentrischen Gehabe an den Stränden von Marbella verwechselt zu werden.

Spanien heute

Spanien zählt heute 39,6 Millionen Einwohner und hat sich in seiner Bevölkerungsentwicklung sehr schnell dem Modell eines zunehmend älter werdenden Europa angepaßt. Das Land hat eine rasche Industrialisierung erlebt (34 % der Beschäftigten arbeiten in der Industrie); es besitzt Autobahnen, Hochgeschwindigkeitszüge, High-Tech-Betriebe: Eine Schwelle ist überschritten worden.

Wir sollten allerdings das Ausmaß des Wirtschaftswunders nicht überschätzen. Das spanische Bruttosozialprodukt pro Kopf (14 256 Dollar im Jahr 1995) liegt weiterhin unter dem europäischen Durchschnitt. Es gibt weiterhin konjunkturelle Schwankungen (Mißernten, Krisen in der Textilindustrie) und starke regionale Unterschiede (andauernde Armut in Galicien und Andalusien, Landflucht in Navarra oder Aragón; das katalanische Bruttosozialprodukt liegt immer noch über dem spanischen Durchschnitt, der wirtschaftliche Wandel im Baskenland steht weiterhin auf tönernen Füßen). Madrid ist zu einer Riesenstadt (5 Millionen Einwohner) und einem internationalen Finanzplatz geworden. Doch aus dem Taumel eines *Take-off*, den einige Zukunftsforscher schon zum Gipfelsturm erklärten, gab es hinsichtlich der Arbeitslosigkeit ein böses Erwachen.

Denn die spanische Gesellschaft ist wie einst im »Goldenen Zeitalter« durch eine gefährliche Kluft zwischen Arm und Reich und eine deutlich sichtbare Armut gekennzeichnet. Sicherlich kann man auf hunderterlei Weise leben, auf sehr niedrigem Niveau, ohne produktiv zu arbeiten. Armenfürsorge und Randständigkeit – Alfred Sauvy hat dargelegt, nach welcher Logik solche Subgesellschaften funktionieren; nicht alle können sich jedoch lange gegenüber der Konkurrenz halten. Die Löhne und Gehälter der regulär Beschäftigten hingegen haben unter einer Inflation gelitten, die sich endlich abschwächt. Sporadische Generalstreiks machten das Ausmaß der Unzufriedenheit deutlich – aber der Anteil der Gewerkschaftsmitglieder ist so stark gesunken wie in Frankreich: Eine andere »Schwelle« wurde überschritten.

In der Politik nennt man dies den »Konsens«. Die gemäßigten Parteien, die für einen oft beispielhaft genannten »demokratischen Übergang« verantwortlich waren, haben sich aufgelöst. An ihrer Stelle kam es zur Formierung einer traditionelleren Rechten, die von nostalgischen Reminiszenzen an den Franquismus keineswegs frei ist. Nach vierzehn Jahren an der Regierung sieht sich die Sozialistische Partei (PSOE) von einer Wählerschaft verlassen, die genug hatte von den Skandalen, die eine so ehrwürdige Institution wie die Spanische Nationalbank oder die *Guardia Civil* erschütterten. Zieht man Bilanz, so hat die Partei von Felipe González per Volksabstimmung den Eintritt in die NATO, den sie dereinst verurteilt hatte, absegnen lassen. Die Sozialistische Partei hat den Beitritt zur Europäischen Gemeinschaft und den Eintritt in ein Spanien der Regionen gut vollzogen. Weniger gut dagegen den Übergang zu einem »Spanien der Nationalitäten«: Weder Verhandlungen noch Repression haben die ETA entwaffnet. Die Hinrichtung einer Geisel im Juli 1997 – eines jungen, einfachen Gemeinderats von Ermua (Biscaya), Sohn von Arbeitsemigranten – mußte allgemeinen Abscheu hervorrufen. Handelt es sich auch hier um einen Eintritt in die Moderne, mit diesem internationalen Phänomen erregter, gefühlsbewegter Mengen? In der allgemeinen Empörung geht fast unter, daß feindselige Positionen gegenüber der Verfassung und Frankreich wieder hochkommen. Paradoxerweise ist der Führer des *Partido Popular*, José Maria Aznár, der nach einem knappen Wahlsieg im März 1996 Regierungschef wurde, nunmehr von Forderungen katalanischer Abgeordneter, die Jordi Pujol nahestehen (den er in seiner Wahlkampagne scharf bekämpft hatte), und von Abgeordneten der alten nationalistischen Baskenpartei abhängig. Die katalanischen Parolen (»Wir sind sechs Millionen«, »Katalonien ist tausend Jahre alt«, »Sagt es auf Katalanisch«) verletzen die Kastilier. Aznár stellt sich gelegentlich als geistigen Erben Azañas oder Giners dar. Doch seine Gegner verdächtigen ihn, mit seinem Projekt der Ultramodernisierung eine bestimmte, überkommene und regional verankerte Presse mundtot machen zu wollen. Im übrigen strebt er, mit guten Erfolgsaussichten, den Eintritt Spaniens in die »Euro«-Zone an, mit den inzwischen klassischen Methoden.

Angesichts dieser politischen Unwägbarkeiten garantiert die Monarchie den nationalen Konsens. Sie ist vorbehaltlos akzeptiert. Dies erinnert an das Frankreich von Louis Philippe: ein König, der als »die beste der Republiken« anerkannt wird. Doch der Kreis der adligen und reichen Familien bleibt klein. Und die Adelstitel haben wie in England ihren Glanz behalten. Die beiden Helden des »Übergangs«, Adolfo Suárez und Josep Tarradellas, sind beide geadelt, der eine zum Herzog, der andere zum Marquis. Der Erfolg der Olympischen Spiele von 1992 in Barcelona und, im selben Jahr, der Ausstellung zur Fünfhundertjahrfeier der Entdeckung Amerikas hat gezeigt, daß Spanien einen Wandel vollzogen hat, der sich seit 1950 wesentlich einem ausgeglichenen Wechselspiel zwischen der Auswanderung von Arbeitskräften und dem Zustrom von Touristen und Kapital verdankte. Das ausländische Publikum, das die pikanten Provokationen des Filmemachers Almodóvar in den Himmel lobt, sieht meist nicht, in welchem kulturellen Boden deren »Postmodernität« verankert ist.

Nachwort

Pierre Vilars kleine Spanien-Geschichte erschien 1947 zum ersten Mal. Das Buch ist in Spanien zu einer Legende geworden, die inzwischen sogar in heutige Romane über die Franco-Zeit Eingang gefunden hat. Die »Histoire de l'Espagne« war für ganze Generationen von Studenten ein selbstverständlicher Bestandteil ihrer politischen Erziehung, ja, ein Kultgegenstand: Bis in die siebziger Jahre wurde das Büchlein in Abertausenden von Exemplaren aus Paris, der heimlichen Hauptstadt Spaniens während der Franco-Jahre, ins Land geschmuggelt. Jedem politisch und historisch gebildeten Spanier ist es geläufig. Daran, daß Spanien am Ende des Jahrhunderts ein ziviles, kulturell und politisch dynamisches Land geworden ist, hat dieses kleine Buch des bedeutendsten Hispanisten unter den französischen Annales-Historikern einen kaum zu überschätzenden Anteil.

Erst am Ende des 20. Jahrhunderts ist Spanien ein integrierter Bestandteil von Europa geworden, jenem Kontinent, von dem es zwar ein Teil ist und den es vor vierhundert Jahren auf dem Zenit seiner Weltherrschaft dominierte, dem es aber stets den Rücken zugewandt hat, um nach Übersee oder wie besessen auf sich selbst zu starren.

Heute ist das Land auf dem Weg, die Kriterien für den Maastricht-Vertrag zu erfüllen; es muß sich nicht länger unter der Fuchtel der Armee ducken, besitzt eine übersichtlich geordnete, funktionierende Parteienlandschaft, und es erfüllt seine traditionelle Rolle als Brücke nach dem südamerikanischen Subkontinent. Gesorgt haben dafür zum einen die umsichtige Loslösung von der Franco-Diktatur, das Werk des ehemaligen Premierministers Adolfo Suárez und von König Juan Carlos I., sowie zum andern die lange Regierungszeit der Sozialisten unter Felipe González, in deren Verlauf Spanien so weit modernisiert wurde, daß es, seinem äußeren Erscheinungsbild nach, auf einer Ebene mit den anderen westeuropäischen Mitgliedsländern der Gemeinschaft steht.

Wichtigste politische Zäsur der letzten Jahre war der Machtwechsel im März 1996. Der Mann, der in Spanien heute regiert, heißt José Maria Aznár. Man hat über ihn genau so gelacht wie über Helmut Kohl bei seinem Amtsantritt. Also sollte man sich hüten, ihn als Übergangslösung abzutun. Allerdings hat unter Aznár doch schneller als erwartet wieder die alte Rechte in Spanien die Fäden in die Hand genommen. Es gibt sie immer noch, die alte dünkelhafte Bourgeoisie, die wenig mit wirtschaftlich produktivem Bürgertum oder gar Mittelschicht zu tun hat, viel jedoch mit Großgrundbesitz und archaischen politischen und sozialen Ansichten.

Aznár kann auf wirtschaftspolitischem Feld nun die Früchte ernten, die die sozial so verheerende Politik seines Vorgängers gesät hat. In Spanien, wo Personen mehr Beachtung als Parteien oder Parlamentsdebatten finden, bedeutete sein Sieg vor allem das Ende des *Felipismo*: Felipe González hatte sich in den vierzehn Jahren seiner Regierungszeit nicht nur für seine Partei, sondern für das ganze Land in einem Maße zu einer politischen Vaterfigur gewandelt, daß Kritiker schon befürchteten, es entstehe in Spanien eine neue, demokratische Spielart des Absolutismus.

Diese Furcht war unbegründet. Spaniens Ende der siebziger Jahre in die Wege geleiteter und stetig ausgebauter Föderalismus funktioniert dafür zu gut. In Katalonien regiert seit Jahren mit dem Finanzexperten Jordi Pujol ein autonomiebewußter Konservativer, der vor und nach dem Machtwechsel, wie schon seine Vorgänger in den dreißiger Jahren, in Madrid als Mehrheitsbeschaffer, aber auch als Moderator funktionierte – früher für den Sozialisten González, inzwischen für den Konservativen Aznár. Im Baskenland regiert die konservative baskische Nationalpartei PNV unter Ministerpräsident Ardanza in Koalition mit bürgerlichen und gemäßigt linken baskischen Parteien. Manuel Fraga, ein schlauer populistischer Dinosaurier aus der Franco-Zeit, hat Galicien in sein Fürstentum verwandelt, so wie einst Franz Josef Strauß, mit dem er politische Überzeugungen und cholerisches Temperament teilt, den Freistaat Bayern.

Die sozialistischen Königreiche liegen im Süden des Landes, und hier, in der Provinz, wo im Verlauf der Affären um den mächtigen Parteivize Alfonso Guerra unübersehbar die Anzeichen für endemische Korruption in der Sozialistischen Partei an die Oberfläche kamen, begann Felipes Stern zu sinken.

Zum Verhängnis ist González auch seine von Konservativen in ganz Europa, außer im eigenen Land, gelobte Wirtschaftspolitik geworden. In Spanien hat sich die bittere Weisheit bestätigt, daß Sozialisten und Sozialdemokraten immer dann ran müssen, wenn Kapitalisten den Karren tief in den Dreck gefahren haben. Mit Aufräumungsarbeiten haben sich auch Spaniens Konservative nie die Hände schmutzig gemacht. Die Modernisierung war das Werk Felipes und seiner Partei, freilich aufbauend, das sollte man nicht vergessen, auf den Ansätzen, die mit den Tourismus-Geldern seit den sechziger Jahren noch unter der Diktatur in die Wege geleitet wurden.

Spanien verzeichnet gegenüber früher eine beachtliche Zunahme der produzierenden Industrien, einem der traditionellen Schwachpunkte des Landes. Alte, nicht mehr rentable Schwerindustriestandorte wie das Baskenland wurden geschleift, die Infrastrukturen, Eisenbahn, Autobahnen und Flugverbindungen enorm verbessert. Touristen können heute so komfortabel durch Spanien rasen wie durch fast jedes andere klassische Urlaubsland in Europa. Viele werden das mit Recht bedauern, aber das Gleichgewicht zwischen den Städten – lange gestört durch die beiden Wasserköpfe Barcelona und Madrid – sowie zwischen Stadt und Land wurde dadurch erheblich verbessert.

Herausgekommen ist bei dieser Modernisierung aber auch eine Arbeitslosenrate von zuletzt 22% – das ist trauriger Europarekord. Zwar wird sich herausstellen, daß Spanien damit nur ein moderner Vorreiter anderer europäischer Staaten ist, wo bisher noch in Wahlreden von Vollbeschäftigung geredet wird, obwohl Wirtschaft und Politik längst davon Abschied genommen haben. Aber die Katastrophe auf dem Arbeitsmarkt hat die Sozialisten nicht zuletzt auch die Macht gekostet.

Profitiert haben von dieser Wirtschaftspolitik vor allem Leute, die niemals sozialistisch wählen würden. Skrupellose und geschniegelte Leitfiguren wie Mario Conde, der auch in Spanien die Geldgier zu einer Tugend machte, der aus heißer Luft unter dem Firmennamen Banesto ein Mischkonsortium zusammenschnürte, das zu Beginn der neunziger Jahre mit viel Getöse, aber wie üblich kaum zum Schaden der dafür Verantwortlichen zusammenbrach. Profitiert haben auch die Banken, die in den letzten Jahren gut verdienten und große Zusammenschlüsse tätigen konnten.

Trotzdem sank die Steigerungsrate des Bruttosozialprodukts während der letzten fünf Jahre sozialistischer Herrschaft von

4%, die es 1990 mit Mühe erreicht hatte, auf 0,7% im Jahr 1994. Zwar kletterte es 1995 nochmals auf magere 1,1%, aber González hat das nichts mehr genützt. Interessant ist, wie es erwirtschaftet wird: Nur 3% des Bruttosozialprodukt erbringt die Landwirtschaft. 34% entfallen auf die Industrie, aber fast das doppelte, 63%, auf den Dienstleistungssektor. Darin spiegelt sich Spaniens immer noch unübersehbare Abhängigkeit vom Tourismus, aber auch die Umrisse einer modernen Dienstleitungsgesellschaft, der in Europa vermutlich die Zukunft gehört. Die Außenhandelsbilanz blieb allerdings beharrlich negativ.

Eine traurige Konstante in Spanien ist die baskische Untergrundorganisation ETA. Seit die Konservativen wieder an der Macht sind, fühlt sie sich offenbar im alten Vorurteil bestätigt, daß Politik aus Madrid nur identisch mit Faschismus sein kann. Ihrerseits ist die ETA samt ihrem politischen Anhängsel Herri Batasuna zu einer Gruppierung heruntergekommen, die man in puncto revolutionärer Ethik mit Pol Pot auf eine Stufe stellen darf. Die blindwütigen Morde an Abgeordneten, Stadträten, Unternehmern, die Sippenjustiz, die dabei angewandt wird, und der Rassismus der radikalen baskischen Separatisten, unter dem wie immer die armen Immigranten aus Andalusien und Extremadura zu leiden haben, läßt Schlimmes für den Fall befürchten, daß diese Gruppe eines Tages bei der Zukunft des Baskenlandes mitzureden hätte.

Aber die ETA ist auch ein Produkt der wirtschaftlichen Modernisierungpolitik unter González: Im Industriefriedhof Baskenland, wo die Arbeitslosigkeit vielerorts erheblich über dem sowieso katastrophalen Landesdurchschnitt liegt, wächst unter den perspektivlosen Jugendlichen der Vor- und Kleinstädte eine ETA-Generation heran, die die heroische Vergangenheit dieser Gruppe, die während der Franco-Zeit eine überragende Rolle im Widerstand gespielt hat, nicht einmal mehr aus dem Geschichtsunterricht kennen dürfte.

Berlin, Juli 1998
Heinrich v. Berenberg

Anmerkungen

1 Span. Garten; durch Kanäle und Gräben bewässertes, intensiv genutztes Gemüse- und Obstland in den feuchten oder bewässerbaren Gebieten im Umkreis größerer Siedlungen.
2 Kap Finisterre, Landspitze an der spanischen Nordwestküste, südwestlich von La Coruña.
3 Hauptsächlich im spanischen Sprachbereich die Bezeichnung für ein Hochland oder Hochplateau.
4 Muhammed Ibn Abî Amir, genannt Al Mansur, Wesir von Córdoba.
5 Arab., Bezeichnung für die in islamischen Städten ursprünglich von einer Mauer umgebene Altstadt.
6 Von arab. *must'arib*, arabisiert.
7 Von arab. *mudadjdjan*, seßhaft oder gezähmt.
8 Höhle in Asturien, in die sich die Reste der christlichen Truppen zurückgezogen hatten und die von den Arabern nicht erobert werden konnte; die Schlacht gilt als Beginn der Reconquista.
9 778 belagerte Karl der Große Zaragoza; seine Nachhut wurde bei Roncesvalles von den Basken vernichtet. Der Legende nach wurde Roland bei dieser Schlacht getötet (Rolandslied).
10 El Cid (arab. Herr), eigentlich Rodrigo Díaz de Vivar (~1043 bis 1099).
11 *Infanzón*, span. Landedelmann; *caballero*, span. (fahrender) Ritter.
12 Von span. *hijo* = Sohn und *algo* = etwas.
13 *Mayorazgo* – Ältestenrecht; Festlegung des Besitzes als Majorat auf den ältesten Sohn *(hijo mayor)*, in Form des Fideikommiß. Dahinter stand die Auffassung, der Grundbesitz sei unteilbares und unveräußerliches Stammgut, das der älteste Sohn nur treuhänderisch erhält und an die nächste Generation weitergibt.
14 Span. Sonderrechte.
15 Buschwerk *(monte bajo)* oder höheres Gehölz *(monte alto)*.
16 Span. Bruderschaften.
17 Ständeversammlungen.
18 *Agravio*, span. Beleidigung, Beschwerde; *greuge*, span. altertümlicher Begriff für die Beschwerdeführung bei Verletzung der Gesetze oder Sonderrechte der *Cortes*.
19 Er eroberte 1229–1235 die Balearen.
20 Der Bürgerkrieg endete mit der Absetzung von Alfonso X. durch die *Cortes* und dem Sieg des Thronusurpators Sancho IV., dem zweitältesten Sohn Alfonsos.

21 Die beiden in einen Dauerkonflikt verwickelten Halbbrüder suchten Unterstützung von außen: Heinrich von Trastámara fand sie in Aragón und vor allem in Frankreich, in den ›Weißen Kompanien‹ unter Führung von Bertrand du Guesclin. Peter der Grausame wurde dagegen vom ›Schwarzen Prinzen‹ Eduard unterstützt, der die englischen Gebiete in Südwestfrankreich beherrschte. 1369 wurde Peter bei einem Handgemenge wahrscheinlich von Heinrich ermordet, der dann als Heinrich II. den Thron bestieg (1369-1379).
22 Die Brüder des ›Schwarzen Prinzen‹, Johann von Lancaster und Edmund von York, hatten sich mit zwei unehelichen Töchtern Peters des Grausamen verheiratet. Johann rief sich im Namen seiner Frau zum König von Kastilien aus, konnte seine Ansprüche aber nicht durchsetzen.
23 Nach dem Tod von König Ferdinand I. im Jahre 1383 erhebt sein Schwager Juan von Kastilien Anspruch auf den portugiesischen Thron. Mit englischer Hilfe werden die Spanier am 15. August 1385 in der Schlacht von Aljubarrota, einem Ort in der Extremadura in Mittelspanien, vernichtend geschlagen. Die *Cortes* rufen den unehelichen Bruder des letzten Königs als Joao I., Großmeister des Aviz-Ordens, zum Regenten aus.
24 Wider Erwarten folgten zwischen 1276 und 1410 sieben bedeutsame Könige aufeinander, ohne daß es zu größeren Schwierigkeiten bei der Thronfolge gekommen wäre: 1276-1285 Peter III., der Große, 1285-1291 Alfons III., der Freigebige, 1291-1327 Jakob II., der Gerechte, 1327-1336 Alfons IV., der Gütige, 1336-1387 Peter IV., 1387-1395 Johann I., 1395-1410 Martin I.
25 *Derecho de maltratar* – Recht zur körperlichen Züchtigung; *remença* – Abzugsgeld, vom Hörigen für die Gewährung des Zugrechts an den Grundherrn zu zahlen; *malos usos* – schlechtes Benehmen.
26 Cerdaña, mittelalterliche Grafschaft im Bereich der Pyrenäen, seit 1344 zu Aragón gehörig.
27 Die Herden verließen in jedem Frühjahr die Winterweiden *(invernaderos)* in den Ebenen Andalusiens und der Extremadura und zogen zu den Sommerweiden *(agostaderos)* auf den Hochebenen und Sierras Kastiliens, von denen sie im Herbst wieder zurückkehrten. Im siebzehnten Jahrhundert waren es ungefähr zwei Millionen Schafe. Das Vorbeiziehen der Herden auf den vorgeschriebenen Wegen *(cañadas)* bedeutete für die Bauern eine schwere Belastung, da die *Mesta* von den Königen Kastiliens das Privileg erwirkte, die Herden auf dem Brachland der Allmende weiden zu lassen. *La mesta* ist eigentlich die Bezeichnung für das Weiderecht.
28 Gaspar de Guzmán, Graf von Olivares und Herzog von Sanlúcar, genannt Conde-Duque de Olivares, Günstling Philipps IV.
29 Francisco Jiménez de Cisneros, Erzbischof von Toledo.
30 Bruderschaft, in der sich die Zünfte Valencias zusammenge-

schlossen hatten; die schwelende Unzufriedenheit der in ihrer sozialen Existenz bedrohten Handwerker, Lohnarbeiter und Kleinbürger eskalierte im Gefolge einer Pestepidemie zum offenen Aufstand.

31 Zum christlichen Glauben bekehrte Mauren.

32 Mystische Bewegung der sogenannten Erleuchteten, der *alumbrados*.

33 Die *Biblia Polyglotta Compluti* (Alcalá trug im Lateinischen den Namen Complutum – fruchttragend) wurde 1517 von der 1499 gegründeten Universität Alcalá de Henares veröffentlicht und umfaßte die Sprachen Hebräisch, Griechisch und Lateinisch.

34 *De Mano muerta*, unveräußerliches Kirchengut; führte zusammen mit der Praxis des *Mayorazgo* dazu, daß es zu einem Mangel an Ackerland kam: Am Ende des achtzehnten Jahrhunderts besaß die Kirche über ein Viertel des spanischen Bodens.

35 Königliche Distriktsbeamte, die die Sitzungen der Stadträte, der *regidores*, leiteten.

36 Stadtabgeordnete.

37 *Alcaldía*, span. Bürgermeisteramt; *cancillería*, span. Staatskanzlei, Kanzleramt.

38 Bei der Schlacht von Pavia wurde Franz I. von Frankreich gefangengenommen und kam erst durch den Diktatfrieden von Madrid (14. Januar 1526) wieder frei.

39 Der Sieg im Schmalkaldischen Krieg gegen die verbündeten protestantischen Fürsten bei Mühlberg an der Elbe (24. April 1547) und die Gefangennahme Kurfürst Johann Friedrichs I. und Landgraf Philipps I. führten zur Zerschlagung des Schmalkaldischen Bundes sowie zur Durchsetzung des Augsburger Interims.

40 Nach seiner Abdankung zog sich Karl V. in die Klosterresidenz San Jerónimo de Yuste zurück, wo er bis zu seinem Tode am 21. September 1558 verweilte.

41 Sieg über das von Montmorency geführte französische Heer (10. August 1557). Er führte nach der für Spanien siegreichen Schlacht von Gravelingen (1558) zum Frieden von Cateau-Cambrésis (3. April 1559), der die spanische Vorherrschaft in Italien und den Besitz der burgundischen Territorien bestätigte.

42 In der Seeschlacht bei Lepanto (7. Oktober 1571) besiegte die Flotte der Heiligen Liga unter dem Oberbefehl von Don Juan d'Austria die zahlenmäßig überlegene Flotte der Osmanen und leitete damit den Niedergang der osmanischen Vorherrschaft im Mittelmeer ein.

43 Durch die Annexion Portugals mitsamt seiner überseeischen Kolonien wurde 1580 die iberische Einheit erreicht. Sie dauerte bis zum Abfall Portugals im Jahre 1640 an.

44 Bezeichnung für die niederländischen Freiheitskämpfer gegen Spanien.

45 »Du hast mich als erster umrundet.« Die erste Weltumseglung fand 1519-1522 unter der Führung Magellans statt. Magellan wurde auf den Molukken erschlagen, und nur eines der drei Schiffe kehrte unter Führung des Steuermanns Elcano 1522 in den Ausgangshafen zurück.
46 Die Torres-Straße zwischen Australien und Neuguinea.
47 1508 von Ferdinand I. eingerichtetes Amt. Der *Piloto Mayor* hatte die Navigatoren zu unterrichten und zu prüfen; ohne seinen Navigationsschein durfte niemand ein Schiff nach Amerika steuern. Der erste *Piloto Mayor* war der Florentiner Amerigo Vespucci.
48 Lehrbücher der Navigation und Beschreibungen des Seeweges nach Amerika.
49 *Ayuntamiento* (m), span. Gemeinderat, Magistrat.
50 *Ley*, span. Gesetz.
51 Lat. direktes Eigentumsrecht.
52 Span. Schutz.
53 Lat., gleichbedeutend mit Völkerrecht.
54 Verfasser von Denkschriften, den *arbitrios*.
55 Von span. *plateresco*, silberschmiedeartig. Ornamentaler Stil der spanischen Renaissancebaukunst, der gegen Ende des fünfzehnten Jahrhunderts bestimmend wird. Sein Hauptmerkmal ist die Aufrasterung der Fläche in kleinteilige Schmuckelemente.
56 Der spätscholastische Jesuit Francisco Suárez liefert in seinem *Tractatus de legibus et legislatore Deo* (1612) eine metaphysische Begründung des Rechts. Der Moraltheologe Francisco de Vitoria und in seiner Nachfolge die Schule von Salamanca stellten dem päpstlichen und kaiserlichen Universalismus im Rückgriff auf die Spätantike ein eigenständiges *Jus gentium* entgegen, das die Rechtsbasis für das Zusammenleben der souveränen Völker und Fürsten bildet.
57 Heiligenbilder oder -gruppen aus der Passionsgeschichte, die auch im Prozessionszug der Karwoche mitgeführt werden.
58 Bezeichnung für das spanische Fronleichnamspiel, das im Freien auf Festwagen *(carros)* aufgeführt wurde.
59 Spanisch-niederländischer Sonderfrieden; Westfälischer Frieden.
60 Frieden von Aachen (1668) nach dem Devolutionskrieg.
61 Nördlich der Pyrenäen gelegener Teil der Grafschaft Cerdaña.
62 1678 im Frieden von Nimwegen nach dem Niederländischen Krieg.
63 Prinz Philipp von Anjou = Philipp V. von Spanien.
64 1701-1714. Der Krieg brach aus, weil Erzherzog Karl, Sohn des Kaisers Joseph I., ebenfalls Anspruch auf den spanischen Thron erhob. In ihm standen sich Frankreich (verbündet mit den Kurfürsten von Bayern und Köln) und die ›Große Haager Allianz‹ (England, der Kaiser, die Generalstaaten, Preußen, das Reich und Savoyen) gegenüber.

65 Nach neuesten Schätzungen wurden 500 000 Morisken vertrieben, in Valencia ein Drittel der Bevölkerung des alten Königreichs. Im Jahre 1713 beendete der Friede von Utrecht den Spanischen Erbfolgekrieg.

66 Unter seiner Führung versuchte Spanien, im Alleingang Sardinien und Sizilien zu erobern; dies scheiterte am Widerstand der Seemächte, Frankreichs und Österreichs.

67 Der erste Familienpakt wurde 1733 während des Polnischen Erbfolgekrieges mit Frankreich geschlossen; ein zweiter folgte 1743 anläßlich des Österreichischen Erbfolgekrieges.

68 Das spanische Königshaus konnte die Krone von Neapel und Sizilien für den Infanten Karl und die Herzogtümer Parma, Piacenza und Guastalla für den Infanten Philipp gewinnen.

69 Im Siebenjährigen Krieg (1756-1763) blieb Spanien lange neutral und trat erst an die Seite Frankreichs, als die Entscheidung bereits gefallen war. Im Frieden von Paris gewann Spanien das westliche Louisiana und erhielt die von den Engländern eroberten Städte Havanna und Manila zurück, mußte diesen jedoch gestatten, weiterhin Campecheholz in Honduras zu schlagen, jedem Anspruch auf Beteiligung an den Fischbänken von Neufundland entsagen und die britische Admiralität als Prisengericht anerkennen. Auch eine Auseinandersetzung über die Falklandinseln endete zugunsten Englands.

70 Für Spanien günstiger Vertrag von San Ildefonso mit Portugal (1777), das nicht auf englische Unterstützung rechnen konnte: Abtretung von Besitzungen und Handelsrechten in Südamerika und Westafrika. 1782 Bündnis von Spanien, Frankreich und Holland gegen England, das zum ersten Mal keinen Verbündeten auf dem Kontinent hatte und isoliert blieb.

71 Abgeleitet von den Regalien des Königs, Eintreten für die souveränen Herrschaftsrechte des Monarchen. Geprägt insbesondere in der Auseinandersetzung mit dem Papsttum, die sich im Konflikt um die spanische Erbfolge verschärfte. Als Papst Clemens XI. Erzherzog Karl als Thronanwärter anerkannte, brach Philipp V. 1709 die Beziehungen zum Heiligen Stuhl ab. In Zusammenhang mit diesem Konflikt und unter dem Einfluß des französischen Gallikanismus entstand eine Denkschrift, in der dem Papst jegliche weltliche Oberhoheit über den König abgesprochen und für die Krone das allgemeine Patronatsrecht gefordert wurde.

72 Span. Rückwandlung von Gütern der Toten Hand.

73 18.8.1796, Bündnisvertrag von San Ildefonso.

74 Um Portugal zur strikten Beachtung der Kontinentalsperre zu zwingen, mußte sich die spanische Regierung im Vertrag von Fontainebleau (27.10.1807) verpflichten, zusammen mit einem französischen Truppenkorps Portugal zu erobern, das aufgeteilt werden sollte, wobei Godoy das südliche Portugal zugesprochen wurde.

75 Napoleon zwang Karl IV. und Ferdinand in Bayonne abzudanken.
76 Die *Virgen del Pilar* steht in der Kathedrale von Zaragoza, der ältesten Stätte der Marienverehrung in Spanien, die nach der - Heiligenlegende von Jakobus, dem Apostel Spaniens, gegründet wurde.
77 Span. Kämmerchen; Günstlingspartei, die ohne Befugnis und Verantwortung Einfluß auf einen Herrscher ausübt.
78 Das ›salische Gesetz‹ galt in Frankreich und schloß die weibliche Thronfolge aus.
79 Von 1819 bis 1824 kämpften die vereinigten Streitkräfte der abtrünnigen Kolonien mit wechselndem Erfolg gegen die Spanier. Die Entscheidung brachte der Sieg von Simón Bólivar y Palacios in der Schlacht bei Junín (6. August 1824). Die siegreiche Schlacht von Ayacucho (9. Dezember 1824) gilt als Abschluß der südamerikanischen Unabhängigkeitskriege.
80 Es ging das Gerücht um, die Choleraepidemie sei auf die von Mönchen und Jesuiten vergifteten Brunnen zurückzuführen.
81 General Espartero, Sohn eines Fuhrmanns, war von der Regentin 1839 zum ›Duque de la Victoria‹ erhoben worden.
82 Diese beinhaltete die Machterweiterung der Krone sowie die Einschränkung der Befugnisse der *Cortes*.
83 Die nach Paris emigrierte Königinmutter verfolgte eigene Heiratspläne für ihre Tochter. Sie entschied sich für den Prinzen Leopold von Coburg-Gotha. Eine solche Wahl wollte aber der französische König Louis Philippe auf keinen Fall zulassen, weil dann als Nachfolger der Bourbonen ein deutscher Fürst den spanischen Königsthron bestiegen hätte. Wegen der französischen Drohungen bestimmte Maria-Christina als Gemahl ihrer Tochter deren Vetter Francisco de Asís.
84 Krieg in Marokko (1859-1860); Pazifikkrieg an der peruanischen Küste (1864-1871); Krieg in Mexiko (1861).
85 Isabella hatte ihren ungeliebten Vetter nur widerstrebend geheiratet. Die Trennungen und Wiederaussöhnungen des königlichen Paares und die Liebschaften Isabellas waren Tagesgespräch.
86 Septemberaufstand in Cádiz.
87 Pí trat nach einer Abstimmungsniederlage in den *Cortes* am 18.7.1873 zurück. Salmerón, ein Philosophieprofessor, zeigte sich entschlossen, die lokalen Aufstände des Militärs mit Hilfe des Militärs niederzuschlagen, konnte es aber mit seinen ethischen Grundsätzen nicht vereinbaren, Todesurteile gegen desertierte Soldaten zu unterzeichnen, und legte am 6.9.1873 sein Amt nieder.
88 Der zweite Karlistenkrieg dauerte von 1873 bis 1876; die Karlisten besetzen Nordspanien bis zum Ebro. Angesichts dieses Erfolges ruft General Arsenio Martínez Campos nach einem *pronuncia-*

miento (1874) den Sohn Isabellas von Bourbon als Alfonso XII. zum König von Spanien aus.

89 Den 1886 geborenen späteren Alfons XIII.

90 1895 brach auf Kuba ein Aufstand gegen die spanische Herrschaft aus, der in den amerikanisch-spanischen Krieg mündete, in dem Spanien nach Vernichtung seiner Flotte in der Bucht von Manila (1. Mai 1898) im Frieden von Paris (10. Dezember 1898) die Philippinen, Kuba und Puerto Rico an die Vereinigten Staaten verliert.

91 Einschiffung von Ersatztruppen für den verlustreichen Feldzug gegen die Rifkabylen in Marokko; 1904 war das sogenannte Rifgebiet von Frankreich als spanisches Einflußgebiet anerkannt worden.

92 *Semana-tragica*: tagelange blutige Unruhen, in deren Verlauf zahlreiche Kirchen und Klöster angezündet wurden.

93 Beim Klerus besonders verhaßter anarchistischer Laienschulgründer.

94 Vor allem in Katalonien im Weinbau gebräuchliches Pachtsystem, bei dem der Grundbesitzer einem Bauern Ländereien für die Lebensdauer des ersten Rebstocks überläßt.

95 Nach allgemeiner Auffassung versteht man unter *latifundio* ein Gut von mehr als 250 Hektar.

96 Span. Bezeichnung für andalusisches Landgut.

97 Der Philosoph Julián Sanz del Río war von der linksliberalen Regierung des Generals Espartero ins Ausland geschickt worden, um dort eine für Spanien brauchbare Gesinnungsbildung zu entdecken. In Heidelberg, wo er sich 1843/44 aufhielt, fand er sie in der Philosophie des dortigen, bereits 1832 verstorbenen Privatdozenten K. Ch. F. Krause, der in seinem System eine mystische Erkenntnis Gottes mit einem sittlichen Rigorismus im praktischen Leben verband.

98 Span. die bolschewistischen drei Jahre.

99 *El Noi del Sucre* wurde Seguí von den Arbeitern Barcelonas genannt. Seine politische Laufbahn hatte er wie sein Nachfolger in der CNT-Führung, Angel Pestaña, in der Gruppe *Els Fils de Puta* (Hurensöhne) begonnen.

100 Span. Zeitraum von zwei Jahren.

101 *Cura*, span. Geistlicher; *fraile*, span. Mönch.

102 Span. Pistolenschütze, Bandit.

103 Zu einer detaillierteren Beschreibung des Bürgerkriegs vgl. Pierre Vilar, *Kurze Geschichte zweier Spanien. Der Bürgerkrieg 1936-1939*, Berlin (Wagenbach) 1987. (Neuausgabe 1998)

104 Im Februar 1937 scheiterte ein Angriff auf dem Jarama, wohingegen eine zeitgleiche italienische Offensive gegen Málaga erfolgreich war. Im März konnte ein Vorstoß motorisierter Einheiten auf Guadalajara gestoppt werden.

105 Span. Heerführer.

Bildnachweis

Frontispiz: McClelland and Steward Ltd., Toronto 1977   S. 9, 46, 117 aus: J. H. Elliott, Die Spanische Welt, Freiburg i. Br. 1991   13, 16 Knut Liese, München   18 Rudolf A. Steiger, München   22 aus: Richard Fletcher, The quest for El Cid, London 1989   27 Museo de Historia de la Cividad, Barcelona   31 aus: Katalonien, hrsg. v. Roger Williams, Berlin 1991 / Jan Read   39 H. Nils Loose   41 aus: Cantigas de Santa Maria, Escorial   48 Palacio de Liria, Madrid   50 Keystone Pressedienst, Hamburg   52, 54 Bildarchiv Preußischer Kulturbesitz   56, 60 aus: Theodor de Bry, America, 1594-1601   63 British Library, London   65 Editorial Everest, León   66, 72, 81, 84, 85 Prado, Madrid   70 Herzog August Bibliothek, Wolfenbüttel   82 aus: Claudette Derozier, La guerre d'indépendance espagnole à travers l'estampe, Bd. 3, Paris 1976   86 Museu d'Art Modern, Barcelona   90 Museo de Arte Moderno, Madrid   94, 107, 124 Roger-Viollet   93 Explorer   96 aus: Le Petit Journal, 27. August 1905   104, 146 Edimédia   106 aus: Bartolomé Bennassar, Histoire des Espagnols, Bd. 2, Paris 1985 / Photothèque Armand Colin   108 José F. Martin   132 A.G.E. Fotostock   152 Illustrated London News   161 Ullstein Bilderdienst   168, 170 Magnum

Wagenbachs *neue* Taschenbücher

Attilio Brilli *Als Reisen eine Kunst war*
Vom Beginn des modernen Tourismus: Die › Grand Tour ‹
Die Geschichte vom Beginn unserer Sehnsucht in die Ferne: Wie die
ersten neugierigen Herren (später auch Damen) der Gesellschaft zur
Bildungsreise aufbrechen, die naturgemäß im Kunstland Italien endet.
Aus dem Italienischen von Annette Kopetzki.
WAT 274. Deutsche Erstausgabe. 224 Seiten mit vielen Abbildungen

Attilio Brilli *Italiens Mitte*
Alte Reisewege und Orte in der Toskana und Umbrien
Ein Hand- und Lesebuch für die Toskana-Fraktion.
Aus dem Italienischen von Annette Kopetzki
WAT 313. Deutsche Erstausgabe. 192 Seiten mit vielen Abbildungen

Giampiero Carocci
Kurze Geschichte des amerikanischen Bürgerkriegs
Der Einbruch der Industrie in das Kriegshandwerk
Eine aktuelle, detailreiche und spannende Einführung in den ersten
industrialisierten Krieg der Geschichte.
Aus dem Italienischen von Friederike Hausmann
WAT 281. Deutsche Erstausgabe. 160 Seiten mit vielen Abbildungen

Vito Fumagalli *Mathilde von Canossa*
Ihre Ehen, ihr politischer Einfluß, ihre Macht.
»Ein lebendiges und bestechendes Portrait einer der bedeutendsten
Frauen des Mittelalters.« *Tuttolibri*
Aus dem Italienischen von Annette Kopetzki
WAT 305. Deutsche Erstausgabe. 128 Seiten

Friederike Hausmann
Kleine Geschichte Italiens von 1943 bis heute
»Ein handliches, ebenso sachkundiges wie lesbares Buch, das den
Schlüssel zum Verständnis Italiens liefert.« Hansjakob Stehle,
Die Zeit
WAT 288. Aktualisierte Neuausgabe. 224 Seiten mit vielen Photos

3. Auflage, in neuer Ausstattung:
Mireille Hadas-Lebel *Massada*
Der Untergang des jüdischen Königreichs
oder die andere Geschichte von Herodes
»Ein wundervolles Buch. Die Autorin macht den letzten Widerstand der Juden gegen Roms Legionen auf der Bergfestung Massada zum Knotenpunkt eines Panoramas, in dem der Ablauf von Jahrtausenden im Wechselspiel von Mythos und Historie transparent wird.«
Jakob Hessing, *Frankfurter Allgemeine Zeitung*
WAT 294. 144 Seiten mit Abbildungen

Brunello Mantelli *Kurze Geschichte des italienischen Faschismus*
Die einzige Geschichte des italienischen Faschismus auf dem deutschen Markt: von den Anfängen bis zum Fall.
Aus dem Italienischen von Alexandra Hausner
WAT 300. Deutsche Erstausgabe. 192 Seiten mit vielen Abbildungen

Albert Soboul *Kurze Geschichte der Französischen Revolution*
Das Standardwerk über die große Französische Revolution, kurzgefaßt, übersichtlich, verfaßt vom Doyen der französischen Revolutionsgeschichtsschreibung.
Aus dem Französischen von Berd Schwibs und Joachim Hellmann
WAT 265. 160 Seiten mit Abbildungen

Viviana Zarbo *Die wahre Geschichte des Wilden Westen*
Eine informationsreiche (und die einzig lieferbare) Geschichte der Indianer und Weißen zwischen 1860 und 1890, vom Mississippi bis zu den Rocky Mountains. Die Wirklichkeit der Cowboys, Sioux und Apachen und ihre Mythisierung zur Hollywood-Legende.
Aus dem Italienischen von Moshe Kahn
WAT 278. Deutsche Erstausgabe. 128 Seiten mit zahlreichen Abbildungen

Wenn Sie mehr über den Verlag und seine Bücher wissen möchten, schreiben Sie uns eine Postkarte. Wir schicken Ihnen gern die *ZWIEBEL*, unseren Westentaschenalmanach mit Lesetexten aus den Büchern, Photos und Nachrichten aus dem Verlagskontor.
Kostenlos, auf Lebenszeit!

Verlag Klaus Wagenbach, Ahornstraße 4, 10787 Berlin